FISH- HOOSES

Stanley Robertson is well-known as a master story-teller of the Traveller people. For thirty-five years he worked as a filleter in the fish-trade, in Aberdeen; where he was born in 1940, and still lives. A nephew of the late Jeannie Robertson, he is also a ballad singer and tradition-bearer, and has lectured in Universities in the U.S.A., Canada, Europe, as well as in Scotland. He also works as a story-teller in schools; he won the BBC Radio 'Listeners Corner' story competition, and has recorded a children's cassette tape. He has been featured on radio and television many times.

FISH-HOOSES

Stanley Robertson

with illustrations by

Eric Ritchie

BALNAIN BOOKS

2nd edition 1992

Printed and bound in Britain by Billings and Sons Ltd., Worcester.
Cover printed by Wood Westworth.

Published in 1990
by Balnain Books,
Druim House, Lochloy Road,
Nairn IV12 5LF.
Scotland

British Library Cataloguing in Publication Data:
Robertson, Stanley
        Charlotte, Jessie and Ina.
        1. Title
        823.914 [F]

(n.b.: *Fish-booses* was originally entitled *Charlotte, Jessie and Ina*)

ISBN 0-872557-01-5

Other titles by Stanley Robertson
Exodus to Alford
Nyakim's Windows
Cover photograph of Author: Alec Garden

Contents:

for
Gabrielle and Arthur Ydo, Ina and Albert Stewart,
Jessie and Alex Mann
Robert and Dawn Robertson
Rosemary Crichton and the friends who worked in
Clipper Sea-Foods
and the fish-workers who still work in Aberdeen and
elsewhere

I left school at the age of fifteen without any academic qualifications. I entered the fish trade which was the busiest trade in Aberdeen in February 1956 and worked at various places until July 1989.

It was so busy that you hardly ever got half days or slack times. There seemed to be an inexhaustable supply of fish. The hours were long and the work hard but the fishworkers were a fine bunch of people.

All names are fictitious so as to protect the people whom these memories are sparked off by. The events contained within the pages of this book actually took place.

Primarily, what I aim to achieve within these writings is to let Aberdonians and others feel the warmth and emotions of the wonderful people who work in the fish trade.

To them do I write and dedicate this book.

Stanley Robertson
Aberdeen 1990

Chapter 1
BECOMING
A
FILLETER

It wis a wee, pokie hole of a place in Old Ford Road and it teen me a half-hoor to find it. Whin I did, a tall impudent cove growled and snarled at me.

I wis only a laddie of fifteen years and a very quiet type of a loon and I wisnae accustomed tae lippie folks. At least I got the scabby job. I wis gan tae get thirty-eight shillings a week and for that coppers I wis gan tae hae tae work a forty-eight hoor week. In early 1956 that wis about the gan rates for loons of my age intae the fish trade. The gaffer telt me tae start the morrin and I wis glad tae get the job.

Mi sister Nina telt me that I wid get intae the wye of it cos she hid bin a filleter for donkeys of years. She sort of telt me some of the things that the hantel intae the fish-hooses wid dae tae mi. Tae tell ye the honest truth mi heart wisnae really intae daeing this kind of work but whin ye hae got naething then ye hae tae mak the best of a bad situation.

Weel, I pulled mi courage taegither and wint intae this scabby fish-hoose. As I didnae hae nae experience at onything, I didnae ken whit tae dae or whar tae start. The pure guffy of a gaffer screamed at mi like an animal, pointed ower tae a cauld finnin machine and booted mi airse ower in the direction of it. I didnae say a word, cos I wis feart of this powerful man. There wis a young red-heided hizzie on the finnin machine, wha hid a face on her like a pig. If onybody hid an attitude problem it wis this quine!

Her name wis Polly and she wis terribly impudent. Frae the very first minute I met her, I jist hated her. She gaed mi a bag of lip for nae reason and she cawed mi frae Heaven tae Hell. If ever I felt like gieing a dame a kick, it wis definitely this Polly wis gan tae get it. The selfish gaffer adored this dilly and I think they were haeing a bit of a cairryon taegither. He said that if I annoyed this Polly then he wid batter mi, so I hid tae hud mi wheesht. Underneath mysel there wis a madcap wanting tae brak loose but I bade mi time.

The first day wis awful. I wis on a rotten finnin machine and I wis getting electric shocks aff of the auld finner and mi hands were aa sair and skinned wi the fish. It wis a scabby, thankless job I wis daeing. The smell of fish wis sae scunnering that I nearly puked up. The gills really sickened mi and this selfish midden of a dame wis deliberately picking oot the fish een and burstin them in mi face. Mi moy wis aa speckled wi black dots frae the fish een and I could feel scabs brakin oot on mi face and mi hands, which were awfy sair. If it wisnae for shame I wid hae sat doon and grate. Tae mak maitters worse, the gaffer pit mi ontae the salty pickles, and the cuts on mi hands were stinging like mad and aa yella wi the cutler dye.

Maist of the ither women were aaright. There wis Big Ena, Rossie, Doshie, Uggie, Muggie and Beanie. Whit a right bunch of fish-wives they were as weel! They were maistly aulder women but they hid a funny sense of humour.

Doshie wis the fastest filleter, but a rough een. Beanie liked to gossip aboot aabody and aathing. I liked her cos she wis sic a braw character. Rossie and Uggie were the best of pals but they aye manged and miscawed een anither. If Rossie wis on the pickle,

Beanie wid miscaw her like cat's dirt and vice versa, when Uggie wis on the pickle then Rossie wid blacken her name tae aabody ontae the filleting table...

Muggie wis an awfy bonnie worker and she teen pride intae her work, so aabody used tae get a bit jealous whin she wis asked for tae dae special orders and boss's fries. She wis also very neat in her appearance. Sometimes whin the gaffer wisnae in she wid teach mi tae fillet, but Doshie cliped on mi and sae did the dame Polly.

Although I wis a seven-steen weakling, naebody teen pity on mi. I wis the only laddie there and I wis fair croaked wi work. The sweat used tae lash aff mi brew whin it came tae unloading the trawl boxes of haddock, whiting, cod, tusk and black-jacks. I wis fair packered. Mi muscles were torn oot of their sockets and mi airms streeked sae far doon that I deeked like a monkey. Oh, bless us an save us! – it wis pure torture! Whin the gaffer was awa then I could get a wee skive, but when he wis aroon it wis Hell upon Earth. It teen mi a couple of weeks tae get intae the set of things but nae maitter how hard I grafted, as far as this gaffer wis concerned, I wis jist a useless puddin. He gaed nae compliments or kind words tae me, but he aye paid compliments tae scadded, blurted Polly, wha wis obviously cocking her leg for him. I suppose if I wis a dilly then he wid hae bin okay tae mi as weel, but as I wis a boy he mortally hated mi.

Many a time he wid say: "Why dae ye nae wash yer neck, cos ye're awfy clatty."

Of course this wid cause laughter among the

manishees, all except Muggie, wha wis a cut abeen the rest. Tae mak things worse, aa the folks kent that I wis a Traveller and they aye dropped snide remarks at mi. Tae mi they were only a bunch of dumpish Scaldies, so whit wis I gan tae worry mysel aboot them for. If I hid telt mi faither, wha could fecht like big guns, that this gaffer wis gaeing mi hassle, then he wid hae come doon and made mince-meat oot of him. Mi faither wis a man tae be reckoned wi... however, I jist stuck it oot for the sake of keeping the peace. I wis a quiet loon and I didnae like tae cause trouble.

Muggie liked mi cos she thought that I hid the gift of the second sight, and sae I did. I kent the wye tae read fortunes and this appealed tae the ither cullochs. They were kind of sleekit. Whin they heard mi reading Muggie's palm for a laugh, then they aa wanted it deen. They aa turned kind tae mi and even dame Polly changed her tune taewards mi. But I wisnae being taken in by them.

Somehow, I didnae trust Scaldies very far in that days so I bade mi time until I wid use them tae mi ain advantage. Polly got ontae the gaffer for bawling at mi and she started tae gie mi a fine roll every morning alang wi mi tea. Then I kent whit aa this palavering wis for: it wis for tae read rubbish tae them aboot their tea cups. Whin ony of the manishees asked mi tae read their cups I jist aye telt them it wis very unlucky. But I aye read Muggie's cup and I aye made up a guid story for her cos I liked her; but whin I did onybody else's then I wid mak things oot tae be bad. It wis aa jist a load of dung I telt them, but they believed every word. Mind ye, whit I did tell them did come tae pass. I telt Polly that she wis gan tae faa pregnant and that the boy wis gang tae rin awa and leave her. That really did happen. Pure co-incidence? Or perhaps it wis mi secret evil curses that I wis pittin ontae them that wis really happening! Never mind, at least this silly games wis getting mi a bit of peace frae them constantly nagging at mi and it kind of kept the guffified gaffer aff mi back.

I must say the work wis very hard. Muggie aye telt mi tae aye look busy and if I didnae find something tae keep mi busy, she wid look for something for mi tae dae. She wis the first person tae start mi aff filleting.

At half-past five every night ye hid tae gang wi thousands of boxes doon tae the railway station tae load up the waggons. It wis an awfy scunner of a job and I loathed daeing it. It meant that whin ye hid worked frae afore eight in the morning ye were still haeing tae work overtime for about half an oor every night and ye got nixie for it. Nae even a word of thank you.

I wis wearying very quickly in this pokie hole of a fish hoose.

Noo it sae happened that Muggie wis haeing a birth-day party and she wanted tae invite aa the hantel frae the work. She wanted me tae bring a pack of cards so that as a party piece I wid read some of this silly manishee's fortunes. I didnae want tae dae that but she said that I could bring alang a friend and that I wid get a little something for mi trouble. Whin ye dinnae hae twa wings tae rub, then it wis an awfy temptation tae be offered lowdy. Onywye, it wis jist a lot of skitter I telt the hantel, so they were pure burniegullies tae believe it in the first place.

Weel, me and mi mate went up for a laugh tae see if there wis ony talent, but Polly wis the youngest dame there and it wis mair like a hennie night. Mi pal and me decided nae tae bide that lang intae the woman's cane, cos we hid ither plans tae meet blondes later on in the night.

Whit a lovely keir Muggie hid. Why, there wis a bonnie carpet fitted ontae the fleer, and this wis a time whin maist folks hid only pungo. She also hid a persian rug as weel. Even though the hoose wis in the Gallowgate and a very auld yin, it wis in marvel-lous condition. I hid never deeked a cane like it. Her ornaments were shining and everything intae her hoose wis spick and span.

She welcomed us aa in and she wis a perfect hostess. Beanie says, "I must say Muggie, ye hiv a right bonnie hoose. Ye hae deen yersel prood."

Ithers expressed their appreciation of the hoose in like-wise mainner. Muggie thanks the woman and she teen the orders for the teas or coffees. Wid ye believe it? The very moment that Muggie wint ben the hoose tae mak the teas, big Ena says tae Doshie, "Gie's a hand and lift mi up for a minute, cos I want tae see something for masel."

I wondered whit it wis that she wanted tae deek at. I couldnae believe whit I wis seeing. Doshie lifted big Ena up a few inches aff the fleer and big Ena pit her fingers oot ower the beading that wis up beside the frieze and she drew her fammels alang the length of it and she says tae aa the folks in the living room, "Jist as I thought: Filth!"

Fit a damn cheek she hid, takin liberties in Muggie's hoose. Muggie wis a spotless person and if ye cawed a wee settle of dust on a beading filth, then ye were nae much of a person. How could Big Ena and the ithers mang aboot their friend like that? Whit a sleekit, dirty action – I wis highly annoyed at them!

Muggie came ben wi the teas and coffees and aa this sleekit lot started praising Muggie up. I really felt like exposing them. Decky, mi pal, and me decided that we widnae bide lang in this crappie party. There wis naething there for us but a puckle foggies blethering rubbish. Muggie gaed mi five shilling so I made up a load of tripe – bonnie tripe for her but the ithers, weel, I gaed them horrible fortunes for being sae selfish and miscawing peer Muggie behind her back.

Decky and me left early tae meet some quines at a cafe wi a juke box and wi played records and hits aa of the evening. It wis great fun as I hid five shillings tae spend on the records and even lowdy for the ice creams.

Next day at work they were aa whispering aboot Muggie's hoose and the party and aa being sae sleekit and twa faced that it made mi want tae vomit.

I hated this smelly fish hoose and resolved that I wisnae gan tae spend muckle mair time in this terrible joint. So I asked some of mi freens wha I kent in the fish trade, if there wis ony jobs gan and if there wis, tae let mi ken. I knew it wis time tae be moving on somewye else, but I wis feart at this big gaffer and didnae want tae pit in mi notice tae him. Yet I kent in mi heart that I couldnae stick it ony langer.

I hid met a pal of mine wha worked at the herring and he telt me that there wis a job gan intae the night shift whar he worked. So I wint roon and I got the job and wis telt tae start the following Monday evening at 6pm. Noo mi problem wis that I wis a bit trash tae pit in mi weeks notice cos this big ill-natured gaffer wid hae hut mi as quick as look at mi. I wis hoping that something wid happen so that I could leave withòot any ado.

Weel, it so happened that the gaffer that morning wis chappin aff the heids of big black-jacks for freshening and he gaed himsel a right kami-kazi cut. It wis horrible and the bleed wis aawyes. It wis like a butcher's shop. The fella jawlocked and he hid tae get up tae the hospital immediately, and Muggie hid tae pit a spoon doon his mooth tae save him frae dying. I wis scared stiff. He wis kept intae the hospital and though he wis oot of ony danger he wis gan tae be in there for a week. Noo this wis mi chance tae pit in mi warning tae the clerkess.

They got anither laddie tae tak mi place. I hid tae pay five shillings on mi apron and ten shillings for mi wellies, so I didnae hae muckle pay on leaving.

I said cheerio tae aa the manishees and bung

avree as quick as I could.

I didnae feel nae regrets aboot leaving that scabby place.

Weel, on the following Monday night I wint doon tae the herring place and it wis massive. Aa of the day-shift crowd were coming oot as I went in. The gaffer wis anither big rough-deeking gadgie and I thought tae masel that this wis gan tae be anither guffie – but he wis a fine, cheerful man. There wis only me and him and anither fella wha worked the kilns. I liked these men. This gaffer telt me tae jist mak tea and light fires. He never bothered mi, nor did he ask mi tae come intae the smoking kilns; in fact I didnae dae muckle work there, for the twa men deen everything that needed tae be deen. I wis mair of a hindrance tae them, but they never said onything.

The hoors were awfy lang cos it wis frae 6pm until 6am and sometimes it wis 8am before ye finished. There were night-shift lassies came in aboot 10pm and whit a wild bunch they were! Aa they spoke aboot wis sex and they telt een anither aboot their secret passions. Een of them wis madly in love wi the actor Audie Murphy and she aye used tae imagine that her man wis him in bed. Being a naive cratur masel and nae kennin onything aboot onything, I wis getting taught mi sex education frae these women. The Travellers never spoke aboot sex like this, so I wis learning things that I never kent before. Whin the twa fellas started tae join in, then the air turned blue. They came oot wi scaldie terms for sex like gameroosh, bitties, VD and a hale amount of things that I didnae ken whit they were manging aboot, even though they were a really fine bunch tae work

with. I often used tae help the lassies pack cos there
wis naething else for mi tae dae as the men deen it
aa.

Mi first pay wis £5 10 shillings and that wis a guid
working man's wage. I felt like Airchie. The only
thing wrang wi it, wis that I didnae get oot tae spend
it. I went hame frae work and slept until mither
wakened mi up tae gang back tae work. It wis nae
life for a loon of fifteen. At least I stuck it. I didnae
like Fridays cos the twa men used tae leave mi on mi
toad and they wint oot tae the peever and widnae
come back till well through the night. I wis scared
being left intae this big guldridge of a place, for
there wis supposed tae hae bin a mannie hanged
himsel in een of the kilns, and I aye imagined him
haunting the place. It wis okay whin the fellas came
back half-drunk. They were fine lads and, apart frae
their rough and vulgar language, I couldnae fault
them.

Everything wis gan fine until the twa fellas wint on
holiday and a pure guffie teen ower. It only teen one
hoor wi him and I walked oot leaving him stranded
in the kilns wi heaps of kippers tae tak oot on his
own.

I wint doon next tae anither herring place and it wis
a really big and tough place. There were stacks of
loons and quines and a heap of really auld wifies
intae it. Six of us started the same day. Een of them
cawed Alfie said tae us:
    "Be like a chameleon; blend in wi everythin and
dae as little as possible!"

Yet I remembered the words of Muggie, "Aye look for a job tae dae," and so I teen her advice.

The boss, wha wis a very handsome auld man, showed me personally how tae wash herrin before they were pit intae the pickle. He showed me how tae dae this cos I wis the only een wi nae experience, the ither laddies aa said that they kent their jobs. It wis a hard, scunnering job. Ye hid tae tak full baskets of split-herring frae the back of the splitting machine and wash them by swirling the basket whin it wis immersed intae a huge tub of water.

Never mind, I kept up wi the machine and the four lassies ontae the kipper pickles. There were three auld wifies wha laughed and joked and asked the maist personal questions aboot mi sex life. There wis anither bonnie lassie on wi them wha hid kind of African features, though she wis Scottish, and I fancied her like mad. She kent that I liked her and she wid use her chairm tae get me tae dae extra jobs for her so that she could sneak oot for a puff of a fag. I didnae mind daeing it for her, but then the ither auld wifies started tae play on yer guid nature.

That very first day at the finish of the work, the six loons and mysel that hid aa started taegither, (including the elusive Alfie, wha wis a right poser,) wi were aa cried up intae the office, and the boss said, "All of ye lads dinnae bother coming back – except ye, Ginger. I hae watched ye aa working and ye were aa deid weight but ye, Ginger, worked awa regardless."

I wis shocked. It seemed the auld mannie liked mi. So Muggie's words were guid advice, "Aye look for a job tae dae."

At the back of this place there wis a white fish side and an auld woman used tae show mi how tae fillet. Weel I wis nae bad at it, as Muggie hid shown mi already how tae dae the basics of filleting.

It wis a rough place but I liked the folks there. I liked filleting best cos that wis whit I wanted tae dae, and filleters were the highest paid in the fish trade. But somehow, ye aye seemed tae get pulled back intae the herring side. It wis an awful smelly, clatty job and the red dye stained yer hands and widnae come aff. Also I hid tae hurry aa the time tae keep up wi the splitter.

Hanging the kilns wis anither job that I hated. The kilns hid eighteen spars and it reached right up intae the lofters. Usually it wis me, Hans and Ackie wha deen the hanging of the kilns. It teen ages tae dae. I liked being at the very top best, but Ackie wis a better worker than I wis at the top. He could swing wi nae bother. The lassies doon below aye handed up the herring ontae tinter sticks up tae the first laddie and he handed it up tae the second yin and then up in turn tae the laddie at the top. It wis aaright tae start wi, but as the tinters got heavier and heavier, yer airms got sairer and sairer. The kiln got filled up frae the top spar first and ye sort of worked yer wye alang and then doon. By the end ye were aa getting crushed beside these kippers and tinters. Somehow, the top laddie aye ended aff sitting on the second laddies heid. The second laddie hid the hardest job because he hid tae maneouver these tinter sticks full of kippers withoot letting ony faa. The top laddie placed them aa in order. The tinters aye scraped yer face and tore yer hands and the red dye trickled doon upon yer heid. Apart frae that, somebody aye farted on yer face, for ye were working at een anithers airse aa the time. By the time ye came oot, ye were aa shattered. It wis best tae wear slack troosers, cos tight jeans wid rupture ye! Straddling the kilns, ye hid tae hae a fit up and anither leg doon a couple of spars and yer legs got cramped; though whin ye got accustomed tae it, the job wis a doddle.

The smell wis the worst part of working at the kippers. Everybody wore their wellies hame tae their dinners whin they were finished. Ye aye kent the herring workers on the bus coming hame cos they hid a distinct guff emitting frae them. The white fish hid a completely different kind of savour. It wisnae quite sae horrid as the herring. Come time, ye got used tae the smell but it made ye very touchy when non fish-workers wid say things like:

"Whit a horrible smell of fish!" Ye jist turned roon and gaed them a tear of lip, or a look like a summons.

Noo working here, I wis beginning tae get influenced wi the ither laddies. Mi language wis getting a bit stronger and I started tae smoke and drink. Often I wid meet the laddies in the city and wid gang tae the pub wi them. For the first time I wis starting tae mix with scaldie laddies and lassies and really, they were aaright. It wis me wha hid a complex and I aye imagined that folks were speaking aboot mi, and I would get bad-minded. Really the folks were fine enough, I jist hid a lot of social problems. Being a Traveller laddie, I hid never really mixed wi Scaldie folks, but now as I wis beginning tae like them I wint up tae their hooses. Although mi closest pals were aye Traveller fellas I did rub shooders wi the lads that I worked wi, and I still hid an awfy crush on this lassie at the pickles.

Een day, the mannie on the splitter wis aff and there wis only a lassie on the boner. She couldnae work the splitter cos it wis a fast machine. It teen a fish every second and ye hid tae place it intae a smaa grip that opened for a split second. It looked like the chain of a tank. I wis able tae work the splitter, so the boss kept mi on that job aa the time, and I hid nae mair tae hang kilns or wash herring. I enjoyed the splitter cos I wis mi ain boss and naebody bothered mi. Eventually I learned tae fillet as weel.

At last I felt it wis time tae move on and try tae get a job as a filleter. Filleters got better wages and a bit of respect as weel. Naebody shouted at them. I wint and I got a trial in anither fish-hoose and somehow I done very well and the man wis impressed, so I got the job. At last I wis a filleter! Noo the fish trade wis open tae me and I felt I hid accomplished something at last and the fish trade seemed tae hae something better tae offer mi. The wages were gan tae be better too...

There are hundreds of stories tae tell aboot the fish hooses intae Aiberdeen, but noo I wid be able tae tell ye aboot them seen through the een of a filleter.

Chapter 2

TALES ROON THE TABLE

I wis biding at 19 Ferries Crescent at this time. There were a faimily of lassies bade ben the hoose frae us and they were aa very nice, hard-working girls and every een of them wis a filleter. As I wis gan up the stairs I met een of these quines and she telt me that there wis a job for a filleter gan at her place. She telt me that if I went doon quick then I wid get the job.

The place wis in Old Ford Road and I made mi wye doon, but whin I got tae Millburn Road I met mi pal Decky, wha wis gan tae the shop for messages for the workers in anither fish-hoose. I wint roon tae the shops wi him and as he got aa the orders for the workers he telt me tae ask his boss for a job. He said that his mither, Tessa, got him the job and that he wis the first laddie tae get a job there.

Weel, it wis a dark dungeon kind of a place and it hid an awfy clatty bothy. A stack of mi ain relatives worked there and whin I came in, I started tae shout and jibe wi abody, for I kent them weel. I wint ben tae see the mannie in the office and he seemed like a very friendly mannie and telt me tae start the next day.

I felt at hame intae this place, but I didnae get the full pay because he thought that I wis still too young tae get full wages, still he gaed me the same as the first place.

Noo I wis happy and could be at hame here and could roar and shout like a banshee and naebody worried themselves too much. I started tae become very lippie and bold and fairly came oot of mi buckie.

I had some really great times intae that place and I met some strange folks as weel. The fish trade used tae bring different types of folks taegither.

Perhaps I might tell ye of some of the colourful characters I hae met there.

There wis a fella in his mid twenties came tae work as a filleter and he was a maist strange character. He wisnae a very handsome fella and he didnae hae muckle gan for him. He hid een like a pig for a kick-off and really bad breath and whin he spoke tae ye he seemed tae spit in yer face. The lassies used tae cry him Ratface, cos his face wis lang and sharp and he had a dose of plooks. Decky cawed him Loochie-moy which translated frae cant means ratface. Weel he wis awfy religious and I think he was a born again job or apostolic. Noo, usually these folks are very cheerful, but this fella wis dreich and dreary.

I wis awfy teen wi religion masel and I thought this laddie wid be rare company tae work aside, but whit an ill-natured, cantankerous bachle he wis. Een day he says tae me,

"Have ye bin saved?" And I replied,

"I dinnae ken".

Then he went on tae tell mi tae repent frae aa of mi evil wyes. I telt him I did go tae church occasionally, but he aye condemned me everytime I opened mi mooth. He was very irritating. Sometimes I felt like losing mi temper wi him but aifter aa, religion is nae something tae argue aboot. That's a very personal thing. Nae maitter whit I said I wis aye gan tae get roasted in Hell. His favourite saying wis,

"Ye're gan tae roast!"

Then a day came whin he hid tae gang tae the dentist tae get oot a couple teeth. I wis glad tae get rid of him for a while, but he came back wi his mooth frozen, and he wis in an ugly, filthy mood and I wis gan tae get roasted for definite. We went intae the bothy for oor afternoon tea-break and he sat doon beside the stove. As een of the quines went tae get mair tea frae the kettle, she let the massive kettle faa right doon on top of Loochiemoy's arm. I felt heart-sorry for him, cos I ken he hid enough pain wi his mooth and noo he wis scalded, yet nae too badly.

At least he never ever said tae me again "Yer gan tae roast!" He left soon after that accident.

There came anither strange, selfish midden tae work wi us, but she was only a washer of smokies. Her name wis Sally, but she wis very snooty and thought herself a cut abeen aabody else. She gossiped aboot us aa. Sally didnae dae nae wrang. She wis aye proper. I didnae tak too kindly tae her and the feeling wis mutual. She miscawed tae ither folks in the fishoose aboot me. Weel I never really teen muckle dealings wi her, but I often heard Decky haeing rows wi her and he didnae mince his words.

There came a day whin I hid tae gang on and tie some smokies and she wis washing for mi. I says tae her,

"How are ye daeing the day, lass?" She gaed me a look like Paddy McGinty's goat.

"Are you addressing me?" she snorted huffily.

"Yes, I am asking how ye are getting on?" The snooty cratur says,

"I would be very much honoured if you did not talk to me."

I was taken aback.

"I am sorry, your Majesty!"

"I am proud," she says. "I do not talk to the likes of you."

Mercy me! Wha did she think she wis. Lady Muck I suppose, though she only bade in Ferries Road, the same as masel.

So I never bothered much wi her.

One day at the tea break I asked een of mi cousins how I should redeem a pawn ticket that wis rin oot, cos I hid a gold ring in uncles and I needed tae get it redeemed. Sally laughed and says,

"I would not be seen dead in the pawn."

The ither women laughed at her with her airs and graces. Mi cousin telt me tae gan tae the pawn and they wid gie me a ticket tae get signed by a JP. Aboot twa days later I wint tae the pawn, and the man let mi see the record books tae see if I could find whin I hid pledged the gold ring. I wint roon tae the ither side of the pawn and wha dae ye think I spied in een of the cubicles – it wis Snooty Sally. She didnae ken whar tae hide and I'm sure she wished that the earth wid swallow her up at that moment.

"O, hello Stanley, I'm just in for a message to collect a parcel for a friend."

"It's neen of mi business," I replied. I continued looking for mi ain ticket, and the book revealed tae me an awfy lot of folks I kent that frequented the rammer. Snooty Sally's name wis among the best customers. I spoke tae the mannie if he kent Sally and he confirmed mi suspicions that she wis a regular.

"Oh, aye," says the mannie, "she wis fined £5 nae lang ago for shoplifting."

Then I hid a field-day, cos I minded on her words, 'I'm proud'. But she had nae the right tae speak aboot onybody like that.

Aboot a week later she wis miscawing a poor fella I kent, that got fined for peeing in the street and she left him withoot a name. Then I piped up wi,

"It could hae bin worse, it could hae bin for shoplifting." Her face turned scarlet. She kent that I kent something aboot her. I never telt onybody aboot her, though she deserved tae be exposed for her haughtiness.

She then spoke nice tae me aifter that. It wis only aboot anither month and she left the place tae gang somewye else. It wis guid riddance tae her.

There came tae work wi us a wee young laddie wha

had awfy black een and eebrews. He wis an awfy quiet loon wha only spoke whin spoken tae and he didnae tell onybody aboot himsel. Freddie wis his name and he done his work and never minded onybody. I got on with the wee laddie. I wis only noo seventeen masel. He worked for us for aboot three months and he wis getting on weel till a thundering loud-moothed dame cawed Kate started wi us. She wis there aboot ten minutes and she kent abody by their first names. At first I thought that she wis jist a loud character but I found oot that she had a skate mooth. Decky cawed her Kate the Skate. It so happened that she kent wee Freddie frae her last place. Weel, she gaed the laddie the life of a dog. Eence she wis settled in (aifter aboot twa days), she started tae tell the ither workers tae watch their pockets and nae tae leave money lying aboot cos wee Freddie wis a thief.

Aa the time I hid bin there, never did money get pinched. Twa days later money did gang missing and the blame fell on the wee fella. Noo there wis nae proof, but Kate blamed and accused him and blackened the wee fella's name. Then she telt aa the workers the terrible tale aboot the wee laddie. She says:

"We used tae caw him Ride-a-Button and let mi tell ye how he got that name. In the last place whar I worked that little monster pervert used tae steal money oot of abody's pockets. Een day I came in tae the bothy for mi fags and I saw something dreadful. That horrible little animal! Oh, I can hardly tell ye aboot it.

"It wis an awfy cauld day, so I hid pit on mi beaver-lamb fur coat. That terrible day I came intae the bothy, I found that horrible, filthy loon making love tae a button-hole in mi fur coat. It wis awfy! I screamed and nearly teen a fit. It still gies me nightmares."

Nellie shouts, "Weel aifter aa he's only a wee laddie, whit's aa the hairm he done tae yer fur coat?"

"It wis a guid fur coat and that monster buggered it up. I couldnae wear it again. I hid tae throw it oot tae the bucket."

Decky and me went intae kinks of laughter. Whit a load of bull's! Maybe Freddie wis caught masturbating, but whit a big deal was that – wha in their right mind would cast up something so trivial as tae shame a young loon tae the bone? He wis only fifteen years old, and if they hid found oot a wee bit mair aboot the loon, they wid hae kent that he wis an orphan and that he came oot of a home and didnae hae much guidance frae folk tae show him muckle love. The loon wis mair in need of help and love, rather than scabbie folks getting him intae mair trouble. It must hae gaed the wee fella a right emotional disturbance. Freddie left a few days later cos the women were cawing him Ride-a-Button.

Yet the stealing still continued, for whit Kate the Skate hid forgot tae tell us wis that she hid gotten the sack frae her last employer for stealing oot of ither workers pockets. She didnae last lang wi us either, cos she wis caught stealing oot of the office whin the boss wis in the lavie, but his son caught her red-handed. I wis glad whin she left as weel.

There were so many characters that it wid take a book in itsel tae write aboot them aa, but I jist thought I wid mention a couple. For mind ye, there were aa kinds intae the fish-hooses, but it taks aa kinds tae mak a world.

In them days it wis a case of working life oot tae keep life in. Ye hid tae dae as muckle overtime as ye could tae mak a copper, but whin ye are young it disnae seem tae worry ye how lang ye worked. The stories aroon the table were guid and ye aye heard some crack – aabody got tae pit in their tuppence worth, frae the auldest tae the youngest. There wisnae a sense of urgency tae tell yer tale or hae yer speir, cos there wis aa of the night tae blether. The stories made the night spin past and the better the story, the better ye grafted.

Noo, I wis aye yin for telling prechums or queer stories of the supernatural and I wis aye a favourite tae tell a story. On the ither hand some of the folks telt guid enough tales.

Fat Batty aye telt ye stories aboot hersel and how bonnie she wis whin she wis a lassie. Weel Decky and me jist deeked at een anither and gan intae blue fits, cos she wis a shan-deeking dill. The fat wis fair hanging aff of her and I dinnae think she wis ever slim and bonnie, but lived instead in a fantasy world. Every een of her stories wis aboot gadgies faaing in love wi her. I mind een of the tales she telt us...

Whin she wis seventeen she wis sae bonnie that every man's yak wid follow her. Aye morning, she wis walking doon Mairket Street and she wis trying tae get some fags for hersel frae a cafe shoppie. The only fags she could get were Pasha, and as she wis walking oot of the shoppie an Arab gadgie stopped her. He looked intae her face and said:

"Ye are the maist beautiful woman in the world and ye must come back tae Arabia wi me. I hae a thousand camels wi een hump and five thousand camels wi twa humps and I wid gie them aa for ye tae be mi bride."

She said that she wis tempted, but she wis gan wi Johnnie Jenkins at the time and so she replied tae the Arab:

"I'm sorry, but ye see mi heart belangs tae anither."

Then she telt us the mannie started tae roar and greet cos she widnae tak him. Weel, he couldnae hae seen her through my een! And for anither thing there wisnae a peer camel in the world could hae teen her weight, cos she wis a pure heavy mo. Mind ye, she tried hard tae convince folks and the ither women believed her. Never mind, it wis a rare laugh at the time.

Tessa telt us of a time whin she wis working in a place ower the waater. The boss hid bought an awfie lot of lemon soles and she wis the only cutter of soles, so the boss asked her if she wid work late alane tae finish the couple of boxes that were left. Tessa said that she wid dae it, cos like aabody else she needed the coppers.

It wis aright tae begin wi cos it wisnae awfie dark, but aboot nine-o-clock it did turn dark an she wis the only person working in the area. The boss hid given her the keys tae lock up the fish hoose. Noo she wis jist finishing the last couple of stanes of soles, whin she heard like a heavy footfall walking across the upstairs fleer. That wis very strange cos there wis naebody working near her. Her heart wint tae her mooth and she wis trash being alane wi hersel. Aye, but the trodging upstairs got looder and looder until at last Tessa wis aside herself wi fear. Now the bothy wis also upstairs. She finished her filleting and packed everything by intae the chill and, aifter she washed her hands and teen aff her fish-coat, she made her wye up tae the bothy. It wis dark and lonely.

Tessa pit up the light in the bothy and the landing cast strange weird shadows aroon. As she pulled aff her wellies she saw a figure of a man walk past her. A whiteness fell ower her face as if aa the bleed hid drained frae her body. The panic at her heart almost caused her tae tak a convulsion fit. Wha wis he?

Wis it some clatty gadgie wha hid maybe sneaked in and wis making tae attack her. Oh, whit a fearsome predicament tae be in! Yet, as she pit on her sheen and teen her bag aff the bothy table she glimpsed the gadgie eence mair. He wis an auld-like man and he wis stooped and bowed. He grinned at her wi a horrible sneering grin. This wisnae her imagination, she kent he wis something frae somewye else. She screeched oot like a banshee and ran oot squealing like a guffie. She didnae lock up the fish-hoose but ran as fast as her feet could carry her tae get tae the bus. That night her boss wis telt by the police that his fish-hoose wisnae locked up. He was furious and Tessa got a terrible bullicking for it.

She telt an auld mannie that worked further doon the road aboot whit she saw. The auld mannie wis fascinated wi her tale and aifter she telt him aboot it he said tae her:

"That must hae bin the ghost of Creepie Eck."

Wha on earth wis Creepy Eck?

Well, he wint on tae tell her that Eck wis an auld man wha wis a smoker in the fish-hoose thirty years before, and that aye time during a deep depression he hanged himself inside the kiln. He hid jist got a bit of auld rope, pit it roon his thrapple and jumped doon – the folks found him the next morning. It wis supposed tae be that his spirit wis earthbound and that on the eve of the anniversary of the incident he wis aye heard trodging aboot the kilns, whar aboot the bothy wis. Tessa got sic a fleg wi the auld man's ghost that haunted the place that she never ever worked late there again, even with ither workers roon aboot her. By the time Tessa wis finished ye could feel a birse rinning up yer spine. Aye, she gave ye the creeps wi her stories of deid folks and some-how ye felt compelled tae believe Tessa.   Decky wid butt in and say:

"Mither, ye are like the Wizard of Doom wi yer creepy tales, could ye nae tell us something funny instead." Then Lena wid say,

"Whit yer mither says is true, cos she has got the gift." Weel, whit a bunch of strange hantel! And nearly aabody in the fish-hoose wis related in some wye. Lena continued:

"There are a lot of things we dinnae hae ony explanation for that gangs on aboot us. There wis a time I wis working in a wee place this side of the river, and I wis working late daeing red bars, whin I came upon a mermaid's purse. Well, ye find them by the dozens ony day, but this yin wis very big, black and leathery. I opened it up and there wis a bonnie black pearl inside it. I wis delighted. Yet at the back of mi mind I remembered mi auld folks saying that a black pearl wis unlucky cos it wis a Deil's pearl and there wid be a curse on it. For aa the size it wis, it wid only be worth aboot twenty rege at the maist. So I thought that it wid nae be very hairmful if I mounted it ontae a ring I hid at hame. Finders keepers, so, I it slipped intae mi ain purse.

"Whin I wint up the road that night I felt a strange presence following me hame. I wis biding with mi mither and she wis a bit of a fay onywye, and whinever I came intae the hoose mi mither pounced ontae me: 'Whit evil hae ye bin up tae?'

"Weel, I hidnae done nae hairm tae naebody, so I never telt her onything aboot the mermaid's purse. Yet mi mither sensed there wis something nae right.

"That night, I wint tae mi bed tired and I pit the pearl on mi dresser beside mi ring... And let me tell ye, that night I pit in een of the fearsomest nights I ever hid. Aboot one in the morning I felt a scraping in mi room and I smelled a seaweed smell and it wis sae strang and pungent that it nearly teen mi breath awa, like cat does. Frae the lamplight, streaming through mi windae I saw a tall, slimy-deeking man and he hid lang claws like a dragon and he kept hissing at mi. He says: 'Gie mi back mi black pearl!' I screamed oot of mi and mi mither wisnae pleased tae be wakened oot of her slumber and she says:

'Whit hae ye deen? I ken there is something far wrang this night.'

"Then I telt her aboot the black pearl. She telt me tae gie it tae her at once, and she pit on her shoes and coat and she wint oot intae the night. She came back ten minutes later. She had walked ower tae the sea whit wis only a five minute walk frae the hoose and she plunked the black pearl back intae the sea... 'I hae broke the spell,' she said. 'Dinnae tak the treasures of the Deil's domain, or he will come aifter ye tae reclaim it.'

"Let me tell you that frae that day I hae never even touched a mermaid's purse!"

I'll tell ye this – ye couldnae be squeamish or hae a saft constitution or ye widnae be able to stomach some of the stories that folks telt ye!

Decky couldnae believe that his mither's relative wid tell sic strange experiences:

"Come on folks, stop lingering wi ghostly stories. I am in the mood for a laugh," he says.

Then the tone teen a different setting, cos Muggie aye telt ye something guid. I liked her best as I hid kent her frae before and I liked her wisdom. She oftimes wid come in and dae some casual work. Muggie aye spoke sensible things. Somehow, she had a deeper understanding of life and never gossiped aboot folks.

Een of the men asked her tae tell aabody aboot her wedding night and fit happened. I felt kind of shan whin he asked a woman like Muggie tae mang aboot vulgar things and far mair surprised whin Muggie started tae tell aboot her wedding night. This seemed tae be sic oot of character wi Muggie.

But she related her experience:

"Weel, ye see, I wis mairried in Greyfriar's Kirk and mi man wis a bonnie, slim-built loon. The wedding wint through withoot ony hitches and aifter the reception in a hall in Rosemount, we baith wint awa tae the North Hotel afore gaeing on oor honeymoon tae Brighton."

"Fit happened?" asked the mannie.

"Weel, I pit on mi nice bed-goon and I got mi man tae pit oot the light. It wis very dark."

I didnae feel guid aboot Muggie speaking like this, but big Jimmy says:

"Tell us whit happened."

Muggie replied sharply, "Weel wi were baith intae the dark and that is whar ye will be an aa. Ye will aa be left in the dark!"

Eence again Decky and me laughed, cos she led abody up the garden path.

Aye, Muggie was a far greater quality of a woman than folks could hae imagined. Some folks in the fish-hoose hid little snippits tae tell or a wee bittie scandal aboot somebody ye kent, for it wis the variety of the crack that kept ye gan aa of the night.

Whin the night stretched oot tae aboot nine-o-clock the last hour wis aye given tae me tae tell a story cos the folks kent that I could tell a lang and braw tale. Even in mi days as a young fella intae the fish hooses, I aye hid the power tae enthral the folks wi mi strange stories. Really, the fish-workers were mi first live audiences and if ye can hud the attention of fish-workers then ye can hud an audience onywhere.

Noo deep doon, I aye felt sorry for saft cratures and there aye wis een or twa of them gan aboot in fish-hooses.

Somebody asked if we had seen heid or tail of Ride-a-Button since he left. Weel, seemingly Decky hid spoken tae him a few days before and he said that he wis working in a wee placie ower the water in auld Torry.

Snooty Sally wis gang awa tae gie the wee fella his character whin Muggie butted in and telt her tae hud her wheest, as it wis a shame tae speak aboot ither folks:

"Ye shouldnae hud things against ither folks, but rather gie folks a chance tae prove themselves. Aifter aa we aa hae faults and failings. Here, let mi tell ye aboot a peer loonie I kent and abody made a radge oot of him cos he wis a bittie queer-looking. This is a story aboot a loon and folks cawed him Slootcher...

THE SLOOTCHER

Whin Aikey wis born, he wis his mither's pride and joy and his faither wis the happiest man that walked the face of the earth. He wis an only child and dearly loved by his parents. The wee laddie hid aathing tae be happy for, cos his folks had a good wye of daeing things, and wee Aikey wis a clever wee lad and wis growing up tae be a fly een. Yet fate played a rotten trick on him.

Een fateful morning whin he wis barely four years old, his mither and faither were gaeing across the road wi him in the middle of Banchory whin a horse bolted and killed them baith. Wee Aikey wis with them and got such a hit intae the face that it broke his jaw and knocked some of his teeth oot and put een tooth right through his bottom lip. The wee lad's face wis distorted aifter that event.

Aifter his parents funeral the wee laddie wis put tae live with an auntie wha had three wee girls. Her husband didnae like wee Aikey in the slightest and kicked him aboot from pillar to post. Never did he call the wee laddie onything good, and the only language that he knew wis the language of the boot. The man wisnae particular whar aboots he kicked him: The legs, arms, sides or head didnae seem tae maitter tae this cruel man. The auntie didnae really care for wee Aikey either and this unwanted feeling made him withdraw from folk.

He used quietly tae sleek and slootch aboot the camps and tak his food away from aa ither folks. He never spoke a word tae onybody. The man always called him *the slootcher*. Folks were kind of scared at him, because he wis sic a strange-deeking loon and seemed tae hae an awfy lot of teeth that were misshapen. It wis not the laddie's fault – being the result of the accident he had whin he wis a wee bairn – but as he grew tae be a young teenager, he earned an unfair reputation for being an ogler and a slootcher. Women-folks kept their bairns awa frae him and he wis shunned everywhere he wint. He slunk aboot like a wild animal and aabody kept well clear of him. Folks mistrusted him since he never spoke. He wis just a peer wee fella wha never got muckle chance tae prove tae onybody that he had something tae offer. Naebody wanted tae ken.

At the age of fourteen he wis a tall, gangling loon and his appearance wis strange – his teeth stuck oot of his mouth and there wis a large een like a dog's tooth that came clean through his lips. His hair wis doon past his shoulders and he dressed in ragged claes. Yet he had bonnie dark blue een that seemed tae speak tae folks. If only he wis permitted tae mix with people. But he wis shunned by baith the country and the Traveller people.

Aikey wis a very powerful swimmer. It wis the only luxury that wis given tae him by Mither Nature. He had a very strange style of swimming, for he seemed tae gyrate his body up and doon like an eel. Whin he would gang in for a dook, he would take aff all his claes and wash himself properly intae the river or loch. This wis also the time he wid wash his claes and put them oot tae dry on the fine summer days. He couldnae dae this in the winter but he loved swimming by himsel and enjoyed being in the water. He alwyes gaed his hair a good clean and then combed it with his hands. And he could catch fish very weel with his strange wye of swimming.

Sometimes he wid catch fish and try and sell them tae the hantel in the fairms. There were een or twa folks that wid buy frae him, but most of them avoided him because of his queer looks. Folks used tae blame him for aathing that wint wrang. He wis blamed for stealing, chasing bairns, killing cats and juckals, and whitever mischief wis at hand, he wis sure tae be the scapegoat.

Een time, as he passed by a school in the country he wis hungry. He wint up tae the schoolhouse whar the teacher wis makin her dinner. The bairns were aa playing in the playground. Aabody gaed him funny looks as he made his wye up tae the school-house. The lady teacher wis nae awfy pleased at him calling upon her, but she gaed him a sausage and a slice of bread. Aikey wis very pleased, and then he wint on his own wye. He wint back tae the camp and wis lying doon resting and daeing naebody ony hairm, whin two burly policemen came in aboot. They never said onything tae him, but instead grabbed him bodily and gaed him a beating. Then they took him awa and put him intae a cell. The young lad couldnae defend himsel and could feel the hatred and animosity against him. Whit had he deen? He didnae ken.

The next day he wis taken before a magistrate and charged with stealing a very expensive jewelled brooch that belanged tae the schoolteacher. She telt the magistrate how kind she had been tae the laddie in gieing him half of her dinner and he repaid her by stealing her brooch. Poor Aikey hardly knew how tae speak and whin he grunted out some kind of words there wis naebody interested. He kent he wis intae great trouble. He wis sentenced tae be birched, and then examined by a doctor wha said that although he deeked a right dinley, he wis in guid enough health tae be birched. The cat-o-nine-tails wis wrotched over his back six times and the deep wounds scarred his back for life and the pain pulsated for days.

Aifter the punishment wis meted oot they pit peer young Aikey oot with naebody tae tend tae him or gie him ony comfort. For ye see aabody wis glad tae see him getting the birch. Some of the children in that country school had said that they had seen him with the teacher's brooch. They even described it tae the police. Right enough, the bairns kent whit the brooch looked like, for they had seen it on the teacher, but it wis their evidence that got peer Aikey birched. As if he didnae have enough problems tae contain himself wi. His back wis very sair for a lang time, and this infliction upon him made him aa the mair solitary and wary of people.

Aboot three months later, Aikey wis wandering roon beside the Potarch Briggie. He wanted tae gang in for a dook tae himsel, for it wis an awfy fine day. He couldnae gang intae the river, as there seemed tae be some kind of Sunday School picnic gan on there, and he wis afraid tae gang near whar there were folks wandering. He looked frae afar at the bairnies playing games and haeing fun taegither. He had watched them for aboot half an hour, whin he saw twa wee lassies playing on the banks of a deep pairt of the river. Een of the quines tripped and pulled the ither een intae the water with her. The women on the banks wis screaming with distress at the twa lassies intae the deep river. Then, withoot thinking on any danger, Aikey dived intae the river and swam like a fish aifter them. With powerful strokes he managed tae grab baith lassies and then, swimming with them with his queer eel-like wyes, he brought them back tae the banks. The girls lives were saved. Aikey wint tae run awa whin a toff gentry lady called aifter him. He wis afraid, cos he thought he wid get blamed again for daeing something wrang and maybe get birched again.

The toff lady took him by the hand and thanked him most warmly for saving her girl's life. The people gathered roon tae deek at this hero wha had braved his own life tae save the twa lassies. This lady invited him hame for his tea. She wis a very wealthy woman wha lived in a mansion-hoose near Potarch. He had niver been intae a hoose like this afore. It wis aa marvellous tae him. The lady treated him tae a lovely tea, for she felt sae grateful tae him for whit he had deen, and whin her husband came hame he wis ower the moon as weel. He wis a prosperous doctor and a compassionate man, and baith he and his wife wid noo make a great change and influence upon the life of Aikey.

Firstly, they let him bide intae their ain little summer cottage at the back of their mansion and they gaed him a job as a gardener ontae their land. The doctor could see that the young man's face could be fixed up with very little bother. It only needed his teeth seen tae and some taken oot, and the een that pro-truded through his lip removed, so the lip could heal. And he kent a surgeon wha could reset the lad's jawbone. With these kindly hantel's help, Aikey did get his face sorted – and there wisnae muckle wrang with the loon's looks whin he wis aa fixed up. In fact, he wis quite a handsome boy and, with his teeth and his jawbone fixed, he wis able tae speak properly, and so the lady taught him tae read and write. He became a bright lad and he stayed in that simmer cottage for aboot five years and worked with the folks of the big house, wha treated him like een of their own.

In later years, Aikey made a good life for himself and he married a lassie wha wis a nurse in Aiberdeen and had a fine wee faimily for himsel. Those kindly folks wha teen an interest, had made a great change for him and gaed him a new lease of life.

He cairried the scars of the birch aa the days of his life. The pity of it aa wis that he got the birch for naething. It's queer how folks find fault with ithers that they dinnae truly understand.

Ye see, the brooch wis found a year later aifter it wis lost and it wis found by a wifie wha wis cleaning oot the church een day. The brooch must hae fallen aff her dress whin she had been tae church, but peer Aikey wis the scapegoat and carried the brunt of it aa.

Donkeys of years later, whin he used tae show the scars of the birch tae his own bairnies, Aikey used them as a visual aid tae deter his own laddies frae getting intae trouble with the law. Yet I suppose deep doon intae his soul, the wounds were still aching – though he kent that a day wid come whin the judgement of God wid come upon aabody, and at least he kent that he wid be pardoned, for he had suffered many injustices.

For aa that he suffered, he didnae hold ony grudge tae anither living soul."

Fat Batty says aifter the story is finished,
   "Fit a shame for the peer loonie."
   "Weel, it his a guid ending," piped Decky.

Noo there wis a lassie, Gracie, wha worked alang side us and she packed fish or else she wis pickling cutlets. Some of the women were a bittie unkind tae her cos she wis a saft lassie and she teen a lang time tae dae things and she forgot things quick. My heart aye wint oot tae her and I couldnae stand peer simple yins being picked upon. They wid send them ower for left-handed hammers and a jar of elbow grease, or the daftest thing like a lang stand. These simple folks were aye the brunt of sully pranks or made the scapegoat if onything wis wrang. If the boss gaed ye a bullicking then it wis the deen thing tae pit the blame on the saft yins.

   Deep doon I aye hid kindly feelings, cos mi mither hid brought mi up wi a lot of religion, and so I never teen pleasure in making a balm oot of the safties or simpletons. Aifter aa ye dinnae ken whit ye are gang tae bring intae the world yersel.

I wis very professional in mi approach tae telling a story cos I aye set the scene. I could command an audience and, being frae a faimily of maister storytellers, I kent aa the tricks of the storyteller. Jist as I hid been taught the Jack tales and kent the deeper, or symbolic meanings and morals of those tales, I thought that I wid cunningly devise a tale oot of mi ain heid that wid hae a lasting effect upon the folks I worked wi; yet I wid hae·tae tell it in an entertaining wye. Whit the classic tales maistly used wis their senses so I wid use a lot of description. Weel, ye could hear a pin drop whin I started tae tell this tale, which wis especially designed so that the folks hearing it wid hae a kinder feeling taewards Gracie.

SULLY QUINE

"It wisnae the poor creature's fault that she wis sully, but it wis the wye she wis brought up. Aifter aa is said and deen, her faither, big Jake wis a proper gomeral and her mither wis twopence short of the shilling. The only thing that they ever taught Peggy wis how tae shaw neeps. No wonder the quine didnae know a bee frae a bull's fit, nor a jook's egg frae an acorn. Well at least Nature hid endowed her wi a fine pair of deep black een and bonnie long black hair doon tae her middle. Now most of the loons she came intae contact wi wid give her the glad eye and Peggy being being so easily taken in wid gang out aboot wi them. Some of the lads were decent and didnae tak advantage of her but ithers were very keen tae sow their wild oats. Peggy didnae know that whit she wis daeing wis wrong and as she hid nae guidance frae onybody she kept on being sully. Mind you, Mither Nature doesn't make any difference as tae whether or not you have your faculties and it wis just a maitter of time that she wid catch up wi Peggy.

The summer of nineteen-fifty wis a braw yin and the crops were aa growing sae weel and it looked like a prosperous harvest for the fairmers. Peggy worked on the home fairm near Tarland and so did her folks. Even though they didnae hae much gumption, between them aa they managed tae dae their bit roon the farm. There wis nae shortage of work tae dae. Every man hid tae work hard and the auld grieve kept aabody on their toes. Nearly every night the farm servants worked ontae the fields. During that special time the younger eens wid sport and play. The gaffer didnae bother himsel at the chiels and the quines having a carry-on in the evenings as long as they did their share during the day. Peggy's folks didnae gee their gingers aboot whit caperings or palavers the lassie got up tae.

Noo it happened on een such a night that Salty Soutar took Peggy awa for a long walk ower the burnside. Aye, he wis a right handsome loon wi tousled, fair curly hair and a great storyteller. He could charm the birds aff the trees and could fairly tell a tale. Peg wis fair bamboozled wi him. Oh, he spun some bonnie words intae the lassie's lug and she wis completely wrapped up in him. He wis a real big-headed kind of chiel and he soon won her ower wi his fine blethering. Aye, Peggy wisnae hard tae get gan and she fairly believed in aa the tripe he wis telling her.

They made love under a warm red gloaming sky and Peggy thought aa her dreams were come true at last. Salty, the gey lad that he wis, told Peggy that he wis gan tae mairry her before Michaelmas and she cleeked ontae every word that came out of his big skate mooth. He hid nae intention of getting hitched tae such a daft lassie because he wis actually gan tae be leaving that farm within a month. It wis no secret whit he hid deen, for he wis so swalt nappered that he telt every ither lad on the farm that Peggy wis a real saft mark. Deep doon he wis a selfish scunner and perhaps some day he might get his come-up-pence.

Barely six weeks hid passed by whin Peggy told her mither that she didnae feel too weel and that she wis aff her brose that morning. Her mither being a bittie daft just thought that she wis coming doon wi a fever. Janet, the kitchen dame, wis the een that hid tae tell her mither that Peggy wis having a bairn and that something wid have tae be deen aboot it. The mither wint spare and the faither wis gan tae throttle Salty, but Salty wis awa lang syne. As they weren't very sensible they didnae know whit tae dae or how tae help Peggy.

Noo it came tae the ears of the farmer's wife, wha wis a big stoater of a woman, and she made arrangements for Peggy tae work up until the last month. Aifter that time she wid hae tae be oot on her toad. There wisnae muckle sympathy gan aroon for Peggy and the ither lassies said that it wis her ain fault for being sic a rum een with the loons. She became the speak of the farm and aathing that she did wis fairly for aabody tae gossip aboot. Some of the ither lassies said tae her that they widnae be sae sully, but it wis easy for them tae speak.

Well, aboot four months hid passed by and Peggy hardly showed onything at aa. Janet hid teen pity ontae her plight and she tried tae help her in every wye she could. At least she took her in hand and she kept the loons awa frae her, cos some of the lads wid still try their hands wi her. Wi Janet's help and advice Peggy kept herself tae herself. For aa that, she wis still a fine-deeking dame and she grafted awa at her jobs aroon the farmie. There didnae seem much in store for her except heartache and many's the poor quine that trudged the same weary walk. Yet naebody kens whit fate has in store for them and intae Peggy's case there were some coothy surprises awaiting.

Roon aboot the November term the biting north wind swirled red and gold leaves aa wyes, causing a stoor of woody dust everywhere. Winter wis making her presence known tae folks. The fairm-workers were set at different tasks and it wis fairly chubbry outside. Peggy hid tae pull her weight because there wis nae room for slackers. She wid gie a squintie ower tae the farmhouse and she wid fair wish that she wis inside it, awa frae the awfy cauld wind that wis howling roon her ears. The reek of the cloggies burning inside the grate of the house caught her nose and the fine yome wint roon her heart. Inside her poor mind many thoughts were taking place and I suppose then, for first time in her life, she jaloused that she wis gan tae be a mither. Questions ran in her brainbox like, 'Wha will mairry me and gie mi wee bairnie a name, or how will I manage tae bring the wee yin up?'

Somehow a new sense of responsibility wis running in her mind and she wis asking herself questions. The only body that could help her understand wis Janet, because she seemed tae be a comfort tae her.

Een day as Peggy wis working near the farmhouse door alang there came an aulder man wi a pack on his back. He wis aboot fifty and a big strapping pottach, wha's face wis as broon as a toad. Tae Peggy's surprise the wifie let him intae the house and she saw him getting his tea. Wha wis he? She questioned Janet wha this man might be. Janet told her that it wis the pack-man wha came every sae often and that the fairmer's wife wid buy jackets and boots frae him.

Peggy waited patiently for this big, muckle chiel tae come oot of the house, because somehow she felt an unusual attraction tae him. She couldn't fathom why she felt like this but she knew she must talk wi him.

At lang last he came oot and his pack wis a bonnie bit lighter than whit it wis whin he first wint in. As he passed by he said tae Peggy, "Fa's things wi ye quinie?"

Peggy gently replied, "Aye knypin on." She didnae ken whit it meant, for it wis a saying amongst the menfolk, but somehow she felt it wis the right thing tae say at the time.

The big mannie laughed and sniggered at her reply.

"Aye mi bonnie quine, yer a fine-deeking hizzie."

Once more Peggy blushed and she looked very modest.

"Whit dae ye dae?" she asked him.

"Weel I'm fit ye caw a packman. I sell mi stock aroon the country hooses an I bide intae a fine camp ower at the auld road of Lumphanan. I am single and I hae a happy life."

"Oh, I wish I hid some place of mi ain and a fine man tae tak mi pairt," she said.

Then jokingly he said, "Weel, if ye ever want an aulder man, bonnie quinie, then there's aye a bed for ye in mi camp." He wint awa smiling.

Noo Peggy wisnae the type of lassie wha understood too much of men's humour and that very night there were hundreds of fancy thoughts reeling through her napper. "He wid make a fine man and he wid provide for my bairnie whin it's born", she said tae herself.

Next day she left her mither and faither and bid farewell tae Janet and she told aabody she wis awa tae get hitched tae a fine strapping man.

She left Tarland aboot twa in the aifterneen and she arrived at the shoppie near the auld road of Lumphanan by five-o-clock.

Frae the shoppie she travelled along the dirt track road until she reached some people living in camps. Peggy asked some of the folks wharaboots wis the tent of the big packman. They telt her that he wis a mile further alang the road, but that he wis a bit of a hermit and kept himself tae himself.

Alang the road she travelled until she came tae a solitary camp doon near the burnside. The packman wisnae lang hame frae hawking and he wis very teen aback whin he saw her.

"In heaven's name lassie, whit are ye daeing here on the auld road?"

"Weel, I hae left mi folks and I hae come tae bide wi ye," she replied.

The packman, wha's name wis Davot, wis confuddled. He jist didnae ken whit tae say. Mind ye, it wis a rare compliment for a man of fifty years auld tae have a fine young hizzie wanting tae live wi him, but he wis a decent man and he hid more respect for himsel than tae tak advantage of a sully quine..

"Weel if ye hae nae place tae bide, then ye can share mi camp, and ye neednae be feart cos I winnae hairm ye."

"I will be happy with ye biding intae a camp," she replied.

Davot jist sniggered tae himself. Whit kind of a burden wis he pitting on himself.

At first she couldnae dae muckle for hersel, but the packman showed her how tae cook ower an open fire and, mind ye, she picked it up awful quick.

Really, she wisnae as bad as she wis made oot tae be. As the days wint by she started tae hae the packman's meals ready for him coming hame every day. Davot got tae like her a lot but he never touched her in any wye because he saw the plight she wis in.

Aifter a month passed by she wis daeing awa nae bad and Davot got tae be very fond of her. She wis half wye through her pregnancy and she wis beginning tae show that her belly wis rowing full. Soon there wid be a wee yin gan aboot, so the packman decided he should mairry Peggy tae save her frae wagging tongues.

Een day then, he pit a match tae the camp and he only teen awa een or twa nicknacks as reminders tae himsel. Wondering whit he wis daeing, Peggy asked him,

"Why are ye making sic a lowe of yer camp that ye can see the reek of it as far as Ballater?"

"Weel, ye see lassie, ye hae bin wi mi for ower a month and I think it's aboot time we got hitched. Perhaps I am too auld tae live this life on the road ony langer an it's time I settled doon wi ye as mi wife."

Peggy wis ower the moon wi joy.

The packman wisnae wanting the price of his supper for ye see he hid ower three thousand pounds intae the bank and he hid a bonnie puckle of interest on it tae get as weel. Right enough, he wed Peggy and he bought a nifty fine hoosie at the Bridge of Don. Davot gaed up the wye of the packman, but he didnae let the grass grow underneath his feet. Tae the contrary, he got a big yard and a shop in the city of Aiberdeen and he started a new wye of daeing.

The shoppie wis a second-hand broker's shop and he used the yaird for scrap metals. It wis a time whin metals were fetching braw prices and his enterprises blossomed.

Roon aboot Easter time Peggy hid a wee laddie and she called him Davot aifter the packman. He knew fine that he wisnae the faither of the bairn, but he brought up the wee laddie as his ain and he loved him dearly. Aye but Peggy hid anither twa laddies tae the packman and she cawed them Billy and John. There wis a great love between them aa and they were a happy faimily and Davot wis indeed a guid provider.

Peggy learned an awfy lot of good things frae Davot and she became much wiser. She worked in the shoppie and she wis well respected as Davot's wife, but better still whin she joined the wifie's club and, cos she wis weel aff, she became the chairwifie of it. Her life wis noo gan like a cuddy at the gallop and she hid aathing that a woman could seek. Naebody kent onything aboot her and she only confided with certain freens.

Een day she wis driving her car along the road, nearby tae the fairm whar she hid worked a puckle of years ago, whin wha did she spy trudging alang wi a peer-deeking, fat and trachelled lassie and a ga-roosk of wee eens – but Salty Soutar. The rain wis just pouring doon and the woman wi the bairnies wis drenched tae the skin.

"Wid ye like a lift, dearie?" she said tae the woman and the bairnies.

"Oh please, thank ye mam!" she replied.

They aa sat in the warm car and Salty wis being a bittie of a sook tae this lady – little did he ken that this wis the same sully quine wha wis the mither tae his firstborn child.

Peggy drove them alang tae a scabby-deeking hovel by the road. There wisnae a coarse bone in Peggy's body and she couldnae see the wee bairnies withoot a copper. As they wint aff she wint intae her purse and took oot twa half-croons. She gaed them tae the mither for tae buy some smackery for the bairns. Then, just as Salty wis coming aff the car she whispered tae him, "Yer loon's name is Davot and he is the inheritor of thousands of pounds."

Salty looked completely shocked! Wis this the lassie that he kent sae weel wha wis a pure saft mark?

Peggy cattily remarked, "Weel, ye see Salty, the king aye comes the cadger's wye!" She drove off wi a smile of satisfaction on her face.

Noo her reason for gan oot tae the fairm wis tae tak her parents intae the toon, cos Davot hid a guid job for her faither in his yard and the mither wid hae a hoose nearby. And the folks of the farmie got a surprise whin Peggy came oot of her ain car wearing the bonniest of claes and deeking so bonnie pit-on. She told her folks tae come awa immediately and not scutter aboot ony langer on the farm. The auld folks got ready right awa tae gang wi their quine. Aye, they were sae proud that their heids were wint fair intae the air.

Janet, the kitchen dame came oot and she wis sae glad tae see that Peggy hid got on sae well in life. Maist of aa she wis surprised at how weel Peggy spoke and how weel she conducted hersel.

Janet wis invited tae come and spend ony week-end at Peggy's hame. Eence again the car toddled back tae Aiberdeen whar she saw that her folks were weel seen tae. Aathing wint weel for Peggy and her faimily.

Years passed and Peggy and Davot were the maist loving coothy pair that ever ye could see. Aye, and they even managed tae get their silver wedding taegither. It wis a marvellous affair and they rented a hall intae the toon and invited aa their cronies tae it. Never afore hid there bin sic a splendid do held. Davot spared nae coppers tae make it a success, as indeed it wis as weel, and aabody enjoyed themsels at it. Twenty-five happy years and whit a remarkable change hid come across Peggy. Plenty of water hid passed under that brig but Peggy noo hid blossomed like a rose. She wis noo a fine handsome figure of a woman and she completed Davot who, as an aulder man, wis a fine deeking specimen. A happier pair ye couldnae find onywhere in this wide world.

See, it just goes tae show that mony's the time we mak mistakes aboot folks and we label them wi titles like gomerals or gypet-gypes, but wha among us is tae say that the saft creatures of this world cannae rise abeen their dottled station. Weel Peggy foond her true worth with the help of the packman and perhaps we aa could help some peer body tae find the value of their ain worth. Peggy made it against aa the odds and she made it weel. She became a price-less gem and that wis a long wye awa frae the sully quine."

Aifter I hid telt the tale the folks gaed twa or three comments aboot it. Naebody dinnae like the story. Somebody asked mi if it wis true and even though I jist made it oot of mi heid, I convinced aabody that it wis a true story and the folks believed me. For a whilie aifter it the folks were a bittie mair civil tae Gracie.

"Tell anither, Stanley," Tessa cried.

"It's quarter tae ten and we hiv tae finish up filleting and clean up the fish-hoose." It used tae tak aboot fifteen minutes tae scarify the place. Ye hid tae sweep up aa the guts and clat lying aboot and then tak aa the gut barrels ootside tae the closie. The drains hid tae be emptied and mixed in wi the guts in the offal barrels. Somebody aye slipped ontae the fleer and got covered wi slime. Ten-o-clock on the dot wi finished cleaning up, and the folks teen aff their wellies and oilskin aprons. The gaffer wid shout tae aabody aboot nae haeing the place right clean and ye hid tae gang back and throw doon mair water and disinfectant tae please him.

Decky, me and Tessa aye walked hame taegither while the rest of the workers wid jist say a cheerio and "See ye the morran."

Ye left the gaffer locking up the gates and doors of the fish-hoose. For aa were work wi wid get eighteen shillings and it wis a hard graft. Tessa wid say, "It's a hard graft for a half-loaf." She wisnae far wrang yet there wis a sense of companionship amongst the fish-workers. They were a rough lot but an honest tae goodness crew.

PICKLER'S MONDAY

Monday wis sic a scunnering day of the week! Apart frae haeing mountains of auld fish frae the freezer tae start with, there wis aye an awfie soor smell all ower the fish-hoose.

The fish mairket wis aye packed tae the gunnel on Mondays and ye could be sure that there wis plenty of fish tae keep ye gan.

This particular Monday I hid tae gan ontae the smokies, cos the ither fella that deen them wis aff, so Muggins jist hid tae tak ower the smokie pits and the tying as weel.

Firstly, ye hid hundreds of pans of wee pingers and the lassies hid tae wash them by hand and clean oot aa the sooms with a scrubber. Then they threw them ontae a table and I hid tae tie them taegither.

The fish, aifter they were washed, cleaned and tied in twos, were then teen tae the pickle and soaked intae brine for aboot forty minutes. Fin that time wis up, ye hid tae speed them ontae triangle-shaped sticks and then place them ontae a standard tae dreep aa night. It wis a lang, slow process and sometimes yer fingers were cut tae the bone wi the twine and also, it wis an awfie boring job.

Meantime the filleters on the table were up tae their eyes wi the littlest whitings and pinger haddocks that ye ever did see.

It wis gan tae be a night for working overtime, cos there were mountains of wee fishes tae dye in the pickles and many ither orders... Big, single haddocks and cod were the first priorities and the lassies and the loons were gan like the living wind tae catch up with orders, cos the trains didnae wait... Aa the early morning orders from London, Leeds, Halifax and the North of England hid tae be ready and aabody hid tae gang like the clappers, so there wisnae muckle time for idle chatting – it wis aa go!

Eence the orders wis deen and we were up tae date wi them, then the boss didnae mind if we slackened aff a bittie. If we worked weel he wid aye say, "Weel deen, mi hearties!"

And he wid buy us bottles of ale for working hard!

That night, aifter oor chipper suppers, wi were aa ready for the overtime stint. Noo the mountains of cutlets and broons were lying in droves and filleters dinnae like gan ontae the pickles, cos it wis classed as a mair demeaning job, so usually some of the washers pickled.

Somehow then, there wisnae folks available that night tae pickle, so an auld wifie frae a fish-hoose doon the road came in tae dae a bit of casual work on the pickles. Her name wis Auld Fanny, and I guarantee ye, she must hae bin near seventy-five. Even though she wis an auld culloch she could fair graft! I felt sorry for the auld woman, haeing sic a heap of fish tae pickle and, as neen of the filleters wid gan on and gie her a hand, I wint ower tae help Auld Fanny.

She liked me for gieing her a hand and we hid a rare news taegither. I got speaking tae her aboot her age and asked if she thought that she should be retired. Ah! but she telt me how thankful she wis tae hae aa her faculties aboot her and, while on the maitter of auld age, she wid tell me a very interesting story aboot a woman cawed Jessie wha she kent very weel:

"Ye see, Stanley, many peer folks get senile afore they reach my age and I am very lucky tae be gan aboot and working. Let me tell ye the story of Jessie...

"It wis a very cauld morning and a blind drift of snow wis faaing and blawing everywhere, whin, on the 15th March 1901, through the early hoors of the morning, wee Jessie Jordan made her debut intae the world.

Her pretty young mither, Violet, lay exhausted upon her bed aifter a difficult birth and looked doon

JESSIE

at the face of the smaa bairnie. She smiled and shed a tear. She had brought a wee wain here intae the world, withoot a faither's blessing, in Aiberdeen's Poor-Hoose, the Old Mill Hospital. As the little wee bundle gently whined, Violet thought upon its faither...

The bairn's faither wis a cocky and handsome plooghboy lad, whose name wis Geordie Anders, and whit a young whoremaister he wis! It wis a great practice of his tae court young, innocent lassies and leave them with buns in the oven; and then he didnae hae muckle sympathy – his motto wis *'love them and forget them'* .   Violet Jordan wis a nice-deeking lassie, wha worked intae a big fairm near Inverurie, and it wis while she worked there that she acquainted hersel with Geordie Anders. Although he wis a despicable fella and had devilishly rogueish wyes with him, he had a sense of humour and he looked exciting tae be with. Ither girls warned Violet aboot Geordie, but she wis fascinated by him and she widnae listen tae naebody else, nor hear onything bad aboot him being said. It wis jist her misfortune tae faa in love with a whoring plooghboy.

For a lang time she wid gang oot with him and she kept hersel decent, but, like ony human being, the strain of gan with this fella wis too much, and he won her ower with his smooth tongue. An evening came at the back of the byres een night whin she slept with him. And whit a warm, passionate night they had, as they slept under the stars and passed sweet wordies tae each ither. Violet wis sae much in love with Geordie, she never thought for a second that he wis jist using her as a groundsheet...

They went aboot taegither for nearly three months, until she telt him that she wis pregnant, and then he spurned her awa. He wisnae going tae be teen for a gomeral – nae woman wis going tae put a harness on tae him!

Violet wis heart-broken, yet noo she wis in the faimily wye and would hae tae tak the consequences of her actions. Mony a laugh went oot aboot her roond the area – Geordie wis nae blamed for his pairt, jist Violet – wha got the brunt of the whole affair.

Wee Jessie's gentle whimper brought Violet back tae earth again. The nurses were nae very kind tae Violet, they jist thought upon her as a loose woman. Peer lassie! As she looked at the wee bairnie's face and nestled her close tae her pappies, a lot of thoughts went through her mind, like 'wha will gie ye a decent name, and wha will feed and claid ye?'

Violet swore an oath: she would dae her best tae keep her wee bairnie and try tae give it as much love and attention as she could humanly dae. And so, as the wain sooked at her mither's breasts and a warm loving bond passed atween them, Violet vowed tae wee Jessie, even though the church wid say that Jessie wis born with the Bar Sin; for her birthlines widnae gie her ony noble virtues, they jist read: *"Born tae Violet Jordan, spinster-cum-servant, 15th March 1901: a Daughter, Jessie Jordan, father unknown – illegitimate."*

That wisnae a guid thing tae start with, but Violet wid endeavour tae dae her best tae give wee Jessie aa that she could.

Noo, the big hoose had a mistress wha wis a bit of a Christian and persuaded her husband, a wealthy fairmer, tae gie Violet her job back and tak the bairn hame with her; as lang as she kept it quiet and didnae let her work slip by at ony time. This wis arranged, and so wee Jessie wis teen tae the Home Fairm, where Violet could dae her work and still attend tae her bairn, and she considered hersel very lucky. For aboot four years then, Violet worked hard and she deen a guid job looking aifter wee Jessie as weel.

Geordie Anders had wint awa for a few years, tae work somewye else and Violet hadnae heard tell of him since the time she wis pregnant.

Then, een day, there wis a bit of a furore amongst the lassies of the fairm – word wis gang aboot that Geordie Anders wis coming back tae work as a plooghman on tae the fairm again. Being a handsome fella, with a reputation for being a real womaniser, muckle wis being spoken aboot him. Violet wis full of anger taewards that man – he never stood by her whin her hard times came aboot, and as far as she wis concerned, he wis jist a full hornie swine and nae worth the full of your airse of candy.

Geordie Anders came back tae work again, right enough – but none of the quines seemed tae care aa that much for him noo. For a man tae be only thirty years auld – my guidness – he deeked mair like in his forties. His jet-black, curly hair wis silver and he had big bags under his een. His whoremaister days had caught up with him, and he looked as if he had some clatty disease, and had lost aa of his charm; the young lassies didnae like him at aa!

Then een aifterneen, he spotted Violet and started for tae chat her up. She telt him tae get lost, but the fella persisted in manging and speaking tae her, and for mony days, he spoke only gentle words. Violet kent that he couldnae draw ony of the quines tae him, and that he wis noo trying tae win her ower again with his sly tongue – but it wisnae working this time. Eence bitten, she wisnae going tae be silly again. She had hud tae cairry aa the stick and gossip – while he got aff Scot free. Na, na, she widnae be teen for a ride again.

Yet somehow, it didnae seem right that he never got tae ken his real daughter, Jessie, and een day Violet asked him if he wanted tae see the wee quine.

Geordie wis delighted tae be asked! Whin he saw the bairnie and deeked it had jet-black hair and the same dark, lang-lashed een like himsel, (een like Cleopatra, and her faither had these exciting een as weel), he said tae Violet,

"I cannae deny that yin is mine!"

"But ye did deny her – whin I needed ye maist o aa!" Violet cried.

He repented tae her remorsefully. She forgave him, for she had a loving nature, and he then said that he wid mairry her noo and repair the damage. Deep doon, he still fancied Violet and he kent that neen of the ither women wid tak him, noo that he'd lost his looks, but he could still score with Violet. This time roon, Violet didnae gie the least encouragement. She kept hersel clean until the time they got mairried.

The mairriage wis a very quiet, hushed-up thing and only folks on the fairm knew aboot it. The fairmer gave them a smaa cottage ontae the estate, whar eventually they had five mair bairns.

Noo, although her mither cared for her, Jessie wis never liked by Geordie, wha aye seemed tae hae a mote in his een towards her. The rest of the faimily were aaright with their Da; they were cawed Anders and were aa claimed by him, but Jessie, the auldest, still retained her mither's maiden name of Jordan.

Violet had her work cut oot for her on the fairm and in the cottage, and so, at the age of thirteen, Jessie wint tae gang intae service in a big hoose in Aiberdeen. It wis a large kier, and she had tae work twelve hoors a day. It wis hard work too, but Jessie wis accustomed tae hard graft. She wisnae aa that bright, but she could earn her keep cleaning fire-sides, black-leading grates, polishing brasses and general hoose duties. There wis a wee roomie at the top of the hoose that she shared with anither lassie, and on their seldom time-aff, Jessie wid sit on her bed and read love stories. She wis quite contented with her lot, a grumbling word never passed her lips and she wis never impudent.

On a Sunday night, mony folk used tae walk the Mat and stroll doon tae the Links. In the summer, the Links were alive with hordes of folk, ye met aa kinds of interesting people, there were aye pipers, or military bands playing there.

So, in the summer of 1916, Jessie wis walking with her pal Iris near the Links. The bands were playing, and there wis a lot of sodjers marching up and doon and daeing a display, recruiting lads for the forces – cos the war wis raging through Europe. Jessie liked tae look at the sodjers in their braw uniforms.

As she walking alang the prom, a sodjer fella whistled aifter her. She turned roon and there wis a young Gordon Highlander, aa dressed in his kilt, laughing at her. Jessie wis kind of embarrassed.

But again the sodjer whistled at her and then cam ower tae speak tae her. He asked if she wid like tae walk with him roon the Links. Jessie wis astounded. She had never bin approached before by a fella, so she wisnae quite sure whit tae say. She wis a very quiet girl, but the sodjer laddie wisnae in the slightest wye shy and he teen her hand and jist walked alang the road with her. Then anither sodjer teen Iris' hand as weel, and soon they were aa very happy tae be in een anither's company. This handsome sodjer laddie, wha had pale blue een and fair hair, says,

"This is Johnnie Watson, and I am Innes Munro."

"That's a strange unusual name, " replied Jessie.

"Weel, I'm a strange, unusual person."

And so they introduced themselves tae een anither and walked alang the Links, looking at aa of the things gan on.

The sodjers walked the lassies hame tae the hoose whar they were in service; they werenae allowed tae hae lads intae the hoose, and the twa sodjers gave the lassies a parting kiss.

For the first time in her life, Jessie had bin kissed. She felt a wonderful thrill and fell in love at eence with Innes Munro. There wis tae be nae sleep for Jessie, she tossed and tumbled in her bed aa night; for she couldnae wait tae next day, whin the sodjers wid tak them oot again. Yes, for five days, the sodjers teen the lassies oot.

On the last night the boys wid be in toon, they teen the two girls oot separately; and Jessie teen Innes around by the Brig o Balgownie, whar they spoke for a lang time. Innes telt her that he loved her and wanted tae mak love tae her. Jessie wis a virgin and hadnae had onything tae dae with men, but this fella wis different, and she had never felt the wye she did noo with ony ither person. The setting and scene wis romantic and sae the twa made love, nae far awa frae the Brig o Balgownie.

Innes then teen Jessie home and there wis a tearful parting of the wyes, but he promised tae write tae her. The twa parted: Innes wint back tae the war and Jessie had tae gang back tae her work as a domestic.

A few weeks passed, and Jessie wisnae very weel. The hoosekeeper sent for the doctor, wha confirmed that Jessie wis pregnant. Whit a shock tae everybody! Here wis quiet, gentle Jessie, pregnant. The lassie wis immediately sacked frae her post and kicked oot, withoot ony hoose nor hame. She had tae go back tae her mither's hoose, whar her faither did nae receive her very warmly; and some of her sisters were ashamed, while ithers couldnae care less. But Violet understood whit her lassie wis gang through – she minded on the time whin aa the folks turned against her – and hoo selfish her man wis tae her then. So her mither teen her in and helped get things deen, tae prepare for the bairnie that wis on its wye.

Jessie telt her mither that Innes wis the faither, though he didnae ken onything aboot it. Innes had written tae the Big Hoose intae the toon, but naebody kent of her whereaboots; and the Army Office widnae gie oot ony information aboot him – it wis during a war.

Whin she wis eight months on, Jessie wint intae Aiberdeen for tae get some things for her bairnie whin it wis born. She wis shopping roon George Street whin, by a great surprise, she bumped intae Innes. They were baith thunderstruck! They jist looked at een anither for a minute. Innes saw her condition and he felt sae sorry for her:

"I wrote several times tae ye, but I got nae answer."

She telt him of how she wis dismissed on the spot.

"Have nae fear, Jessie, for I'll stand by ye and I'll mairry ye as fast as I can get leave tae dae it."

Jessie teen him oot tae meet her parents, and Violet wis sae glad that her quine wid at least hae a man stand by her. Jessie and Innes were mairried and the bairn wis born, a wee laddie they cawed Jordan aifter her mither's maiden name. Innes had tae gan back tae the end of the war and she didnae see him again until the war wis finished...

Innes got wounded during the war, a piece of shrapnel wint intae his head, and een of his eyes had turned a bit pearled and looked as if it were glass, yet he still could see through it. He wisnae the same man whin he came hame, cos although the physical side of the wound healed, the inner scars of the horrible war didnae, and he wis deeply emotionally disturbed.

Jessie wis aye Jessie – though the seasons may change, she wis aye loyal and faithful as ever. She could see the great change that had come ower Innes, but she thought that he might get the better of it in time – cos time is a great healer. The early days aifter the war were difficult living times, and Innes noo wis moody, and resembled naething tae the fella that Jessie had mairried. He never lifted his hand tae her, but he abused her mony a time verbally, and often he deen so in front of ither folks. In less than a year aifter he had returned hame frae the war, Jessie had a bairnie again, anither loon, cawed Jared, and Innes wisnae teen too kindly with this laddie.

And the following year, she had anither bairn. Somehow, Innes wisnae coping with the strain of these three laddies and his personality wis getting mair depressed each day. He didnae like ony of Jessie's freens, and he stopped her frae having ony intae the hoose. She wisnae having an easy time of it, but she aye managed tae keep a cheerful countenance and a helping hand. She wid watch ither bairnies, tae let their folks oot tae work and did a lot of their washing, but she got naething in return. In a wye she wis a wee bit saft, never did she say nae tae people who asked her for an obligement.

Innes wis slowly breaking intae pieces, until een day, he snapped.

It wis a day he wis getting his wages for working in the hospital as a porter, and Jessie wis waiting patiently at hame for her money, but he never came. She waited aa evening and thought that he might be drunk, or hae had an accident, but it wis neither. It wis simply that he teen the money and bung avree tae anither toon for a couple of weeks, he jist had tae get awa somewye else for a wee whilie...

But the bairns had nae meat, so Jessie had tae gang and humiliate hersel waiting at the Parish, whar she got seven shillings, that had tae be payed back the next time she got wages frae her gadgie. This wis the start of Innes going awa aa the time – and with him disappearing, he got the sack frae his job.

Things were noo going frae bad tae worse. Jessie mustered up aa her strength tae keep her faimily, and she noo had a wee quinie cawed Jannette, wha wisnae like her mither, but fair like her faither, and Innes adored this bairn. For a wee while, Innes tried tae be right again, but pressures caught up with him and he started going awa again. The intervals were noo getting quicker, nearly every second or third week he wis a gonner. These times were dreadful for Jessie, but she sodjered on. Aboot this time, Jordan, the eldest, left hame, he sailed awa on a drifter boat frae Aiberdeen; perhaps it wis a guid thing, as it was een mooth less tae feed.

Then during the thirties, whin the Great Depression came, things were awfy bad. Innes wis oot of work, peer Jessie wis mair times standing at the Parish than at hame, and then Innes ran awa with the Parish money as well and he got put intae the prison for twa months. Jessie did the best she could tae keep the bairns that were at hame and aye kept her chin up and wid say tae them,

"Een day, I will live in a big hoose and I will hae aa mi servants rinning aroon mi!"

There wis always hope in her heart!

Whin Innes came oot of prison, Jessie baked a

cake for him and aa the children were glad tae see him hame again, they loved him because their mither never wid say a wrong word aboot him. She wis a devoted wife. As time wint by, Innes got very attached tae his wee girlie, Jannette, and wid aye buy bonnie little things each week for her, or take her awa tae Montrose or Peterheid for the day, and this started tae make Jessie a wee bit peeved. There wisnae much affection coming tae her or the loons frae her man, yet the wee girl received the lot.

Jessie for mony years had tae scrape and save every copper tae pay her bills, cos Innes wis getting worse noo and becoming nastier with his tongue. Yet everytime he wint awa, he wis aye very sorry whin he came back hame – but it wis aye the same promise, and tae Jessie it wis a cracked record.

But een day, he said that he wis finished with running awa frae his responsibilities and had got a job oot at Turriff! He teen the faimily oot tae this tied-hoose, and though naebody liked the place, at least he wis with them. For the space of three months he stuck it oot, but Jessie could see the signs of him breaking up again. And she wis right... Innes bung avree with aa the money and the fairmer put them oot and Jessie had tae walk tae Aiberdeen with her bairnies.

The Parish then teen the twa little eens awa tae a hame oot at Aboyne, but Jared ran awa, like Jordan, tae get on a trawler. He wis nearly fourteen noo and he did weel for himsel, for nae lang aifter that he got on a Peterhead boat, and his bade there ever since.

Jannette and Martin, the youngest laddie, brak their hearts as they were teen frae their mither, but the woman wis ill in hersel with the lack of food and hard work. Exhausted and tired, she collapsed in the toon and had tae be teen tae hospital for a slight operation. At least the younger yins got looked aifter and fed – while she got some time tae get her life in order and look for a real hame for her bairns and hersel.

There wisnae a trick that she wis nae up to: she used the pawn tae its limits, she selt bottles, jam jars and rags, she tried daeing washing for money... In jist a few months, Jessie secured a hoose for her bairnies and things were gan quite weel; and Innes had bin gan for ower three months, with nae as much as a by-your-leave, whin he arrived hame again. But this time, Jessie had the hoose and he wis the intruder. She had heard the story a thousand times ower, and she didnae care though he left nor stayed.

A lang time passed. Aa of her faimily were noo up and mairried weel, and daeing fine for themsels. For aa that she had suffered, Jessie retained her pleasant wyes, and she wid noo gang oot tae mix with her freens. Innes alwyes hopped it awa every few weeks, (and he still aye made sure he teen aa the money in the hoose)!

Jannette wondered why her mither pit up with him, but tae Jessie he wis still the young sodjer-laddie wha had courted her sae dearly by the Brig o Balgownie, and she wid jist say,

"Weel, he's mi man for bad or guid and I love him for aa that. Things will get better and I will bide in a large, beautiful hoose and I will hae mi servants rinning aifter mi!"

Wid things ever change? Wid they ever come true?

As they celebrated their golden wedding, Jessie looked radiant and wis dressed in a lovely gold-and-silver ootfit. Mony of her freens came tae the hoose that day and, as aa her faimily were gieing the toast, Innes said:

"To the best wife in the world!"

Aabody stood amazed, cos never since the war did Innes say onything nice like that tae Jessie, and noo I suppose his deep inner feelings were truly showing again. He had bought Jessie nae a big present, but a record: *'By the Brig o Balgownie I'll meet Ye'*! There wisnae a dry eye in the hoose!

Jessie teen ill nae lang aifter that and wis put intae the geriatric hospital, and while she wis there, Innes died. She wis suffering frae senile dementia noo, so she didnae really ken whit wis really gan on. Jannette aye wint in by the hospital tae see her. Jessie didnae speak much, but een day she looked aroon hersel and she said tae een of her faimily:

"I aye kent that een day I wid live in a large hoose, and that I wid hae plenty of servants. Weel, ye see, it his come tae pass... I kent that Innes wid eventually get me a real toff hoose, and that I wid be a lady. Innes his deen weel for me noo... so ye can aa be jist as prood of him noo as I am. He is mi first and last love: nae bad for a peer lassie wha wis born intae the Poor-Hoose!"

Yes, at last Jessie wis happy – in her mind Innes wis with her and he had achieved aathing for her. At the end of her days Jessie wis very contented with her lot, and I suppose in her mind she wis still the young, bonnie lassie being courted by the handsome Innes Munro..."

Weel, the time jist drifted awa while Auld Fanny manged tae me, cos I wis engrossed wi her story aboot Jessie. We didnae even think aboot the work we were daeing, cos baith we're concentration wis ontae the story.

Whin the story wis finished I remarked upon whit a beautiful story she hid telt: "Mind ye – at least she wis happy tae be in her twilight world!"

"Aye, but I think I wid be happier wi mi senses," replied Fanny.

"Oh, but there's nae fear of ye gan senile – nae whin there's aa this pickles tae keep ye gan!" I said.

Fanny laughed oot loud and aa the folks on the filleting table wondered whit we were laughing at.

"Ye lot be quiet! Get on wi yer knitting!" she guldered ower tae them.

We continued speaking tae each ither and I says tae her: "That story of the woman Jessie minds me upon a woman I kent. Weel, I didnae really ken her aa that weel, but I mind upon mi mither telling me aboot her. Noo, I'll tell ye the story of Liza:

TEN LEAGUES OF CLATTINESS

"The Ralstons were a very powerful faimily of Travellers, and auld Mother Ralston ruled the roost like an eagle. Somehow or ither they aye married intae the faimily of Ryans who were their first and second cousins; it was aye a Ryans they picked for their men or wives. Of course, if yer name wis Ryans then auld Mother Ralston liked ye, but if ye came from a strange faimily then she'd take an instant dislike tae ye, and that wis the situation that Liza Brookes got intae.

It wis in the last year of the Great World War that Liza and her mither Jessie were visiting auld Mither Ralston, cos the twa aulder women used tae pal aboot taegither whin they were quines, and sometimes they wid get taegither tae have a bit of crack aboot the aulden days. This wis the first time that Liza had been up intae auld Mither Ralston's hoose.

Noo, it just happened tae be that her youngest laddie, Big Glenn, wis home on leave frae the army, and he took a shine tae Liza. He had only a few days of his leave left before he had tae gang back tae the front lines; he wis serving with the Cameronians. It seemed tae be love at first sight, and oot of the blue, Big Glenn asked Liza tae mairry him. There wisnae really ony time tae do ony of the usual courting, but they were both attracted tae each ither; they were a handsome couple. Liza accepted and they were mairried twa days later at the Sherriff's court by special license.

This came as a great shock tae the rest of the faimily, especially auld Mither Ralston. She wis furious: she aye had picked oot bonnie Mary-Anne Ryans for tae mairry her son Glenn, and she wis awfy disappointed with the thought of Liza Brookes being part of her faimily. She never really accepted her and she aye tried tae blacken her name by saying she wis a loodney, and how her peer son Glenn wis tricked intae mairrying her. The selfish auld midden poisoned aabody against the peer young lassie.

Liza noo had five sisters-in-law, and whit a selfish lot they were. There wis Lucy, who wis mairried tae John, and she didnae like Liza either, cos bonnie

Mary-Anne wis her sister. Rosie wis mairried tae Peter, and she wis very sleekit tae abody. Muggie wis neen better than Rosie, and she wis wed tae Ritchie. Denny's wife wis the best of the lot, cos although she wis a Ryans, she aye felt sorry for peer Liza who naebody hardly spoke to. Finally, there wis Cathy, and she wis a sister of Annie, who wis Denny's wife, but unlike her sister she clinged awfy close tae the auld woman, and whitever the auld woman wid say wis alright with Cathy. All of they deems were related and everyone wis a Ryans. Liza felt very unhappy with her good-sisters, yet she wis a happy-go-lucky lassie and she bade intae a wee roomie in the guest-row.

Only eight months had passed whin she gave birth tae her first son, Maxie, and that caused an awfy stir through aa of the faimily. The bairnie wis born a month premature, but as far as the auld mither wis concerned, the bairn wisnae born early and Liza had trapped her youngest laddie intae a hopeless wedding. Only Annie took her pairt and kind of stood up for her, but the rest of them were just a puckle of pukes.

Liza never got invited tae their hooses but occasionally she wid gang up tae the auld culloch tae show her the bairnie. Her reception wis always very cauld. Even at Christmas time she wid give aa her good-daughters nice presents but she didnae give Liza even a smaa gift. The lassie didnae want tae cause ony animosity between the faimily so she aye bit her tongue. Noo auld man Ralston liked Liza alright, but tae keep the peace with fozzie-face he never showed her much affection either; he wis very henpecked.

Big Glenn wis very much under his mither's spell and that used tae cause a real lot of barnies inside Liza's home. He didnae hit her, only he wid abuse her verbally and try tae mak her feel as low as the grund. Her bairns, and she had a puckle of them fast, felt heart-sorry for their mither, who seemed tae be mair trachelled each day. She didnae take muckle interest in her hoose, and this wis aa fairly tae the ither good-sisters, who instead of encouraging the young woman, only shunned her aa the mair.

Even the bairnies were nae welcome intae ony of their keirs, and grannie wisnae an exception tae the rule; whin it wis Maxie's fifth birthday, the auld grannie had twa ganzies. Een of them wis really nice and the ither wis awfy scabby-deeking. Noo, she kent that it wis Maxie's birthday, yet she cawed ower Cathy's laddie who wis the same age and she asked him whit een of the ganzies he liked best. Naturally Freddie taen the best yin. Then she taen the peerer-deeking ganzie and gaed it tae Maxie for his birthday. Maxie taen the ganzie hame, and he pit it ontae the fire, cos he didnae want second best tae een of his cousins. For many years this selfish carry-on wint on.

Then the auld man Ralston died.

Aa of the faimily gathered taegither tae comfort the auld woman in her time of sorrow. As they were a powerful Traveller faimily they pit on a great show; everything had tae be flashy and, right enough, everything wis pit doon weel. The womenfolks aa pit on their black tuggery, and they got taegither and made the teas and took care of aathing. The white blinds were up and aa of the mirrors were happed up according tae the tradition of the folks, but the front window where aa of the folks congregated, wis a wee bittie open for fresh air tae get intae the hoose, cos there were a lot of the folk steaming. Noo this afternoon the hoose wis brimmed-full of hantel, and een of the sisters-in-law wis sitting coochted beside it. Liza wis walking doon the road and her claes were tidy cos she borrowed her black tuggery frae a pal of hers cawed Jeannie, and Jeannie also had recently buried her auld faither. Never mind, Liza deeked tidy enough, and as a daughter-in-law she thought that she wid gan doon and help tae make the teas and tae serve them. As she approached the path tae the door of the kane, Rosie shouts oot at the folks in the hoose,

"Shanish, shanish, here comes the ten leagues of clattiness coming tae the kane!"

This caused great laughter amongst the folks. Whit they didnae realize wis that wee Maxie wis sitting at the back of the hoose, and he heard whit they were cawing his mither. The wee laddie wis hurt, but never forgot nor forgave ony of the selfish middens. His mither wis better-deeking than them, with aa their moys covered in make-up. Only Annie telt them tae hold their wheest and that Liza wis a daughter-in-law as weel as whit they were. There wis a kind of silence whin Liza came intae the hoose.

"I hae come doon tae gie ye a hand," says she.

"It's aaright, we can manage fine withoot yer help. Ye hae mair need tae gan hame and clean yer clatty, smelly, hoose and deek aifter yer kenchins, who are gan aboot like tramps," says Cathy.

The rest of the women started tae abuse Liza except Annie. Liza walked oot in tears. Anna wint aifter her and tried tae apologise for the scunnering behaviour of the rest of the women. Liza jist wint hame and came back only for the funeral.

Annie went back tae the hoose, and she caused sic a stir: and she slapped her sister Cathy across the face. Some of the brithers were nae very pleased either cos none of them had ony ill will towards Liza. It wis only the women-folks.

Peer, trachelled Liza had bairn aifter bairn, and her man Big Glenn started tae peeve an awfy lot. Liza had noo tae read manishee's fortunes tae get food for her faimily. The mair she tried, the mair he peeved. And, tae mak matters worse, he started tae take up with bonnie Mary-Anne Ryans, and the auld mither egged the romance on. She telt him tae make a new start with Mary-Anne and tae break awa frae the Brookes deem and her brats. Yet he didnae have the heart tae leave Liza, but he did have the affair with Mary-Anne Ryan and she had a bairn tae him.

Noo, aa of the womenfolks taen Mary-Anne's part, but Annie didnae. She said she wis a bold hizzie and that the affair should never have happened. She kent auld Mither Ralston wis tae the back of it, for she still had muckle sway ower her son. Liza wis blamed for it aa. They said if she hidnae bin sae clatty with her hoose, and that if she tidied hersel up better, then it wid never have happened. They didnae stop tae consider that she had sae muckle children and a peeving gadgie tae pit up with; and they never stopped tae think for a minute that Liza had only one freen in the faimily, and that her auld pal Jeannie wis the only ither friend she had tae confide intae. But if there wis one thing that Liza wis, she wis morally clean and she never drank nor steamed, nor made an exhibition of hersel in public; and she wis still the best deeking yin of the whole rick-mi-tick of them. Only she wis a Brookes. If her name wis Ryans then she wid have bin a favourite.

Bonnie Mary-Anne had a wee lassie called Zena, and whit a wee picture she wis. She taen the bairn up tae the auld woman every day where the faither could see it. Then there wis a rare speak aboot hersel by aa of the women, and she became the object of aa their gossip; it wis a great humiliation for aa of her folks.

Then Mary-Anne taen awfy nae weel, and she had tae gang intae hospital for an operation, and she wis in a desperate plight cos she had naebody tae watch her bairn. Liza met her intae the street and she wis munting and crying sair aboot her predicament. Liza felt great despise for the woman, but nae hairm towards the wee lassie; so she taen the wee lassie tae look aifter. Mary-Anne says,

"Ye winnae hurt her, will ye?"

Liza jist gaed her a look, and says,

"She's gang tae be hame with her brithers and sisters."

The lassie looked aifter the bairn as if it wis her ain, and she had her for nearly three months until her mither got better and taen her back.

There wisnae room intae Liza's heart for malice.

There came a sad time intae her life whin een of her wains died.

She didnae get muckle help frae her relatives, except Annie and her pal Jeannie; at a time whin she needed help, there wisnae mony of her folks there tae help her. Tae make matters worse, Cathy met her intae the street and said tae her, that if she looked aifter her bairnies a wee bit better, then she widnae have lost ony. The bairn had died of scarlet fever and there wis naething that Liza could have deen tae save her. She turned tae Cathy and she said,

"Weel, lassie, whit happened tae me can happen tae yersel."

Twa weeks later Cathy also lost a bairnie with the scarlet fever.

Aye time, Liza wis fechting with her man, and he said tae her that she widnae git anither man tae look at her, cos she wis too trachelled and she had let hersel go. Weel, she wis determined tae get her ain back ontae him, with his big swalt heid. It came the time for her tae collect her Coop-ie Divi, and she had aye a guid Divi. She and her pal Jeannie wint doon for tae cash it, and she had over eight pounds. Normally whin she got it, she aye halved it with Glenn but this time she didnae. Instead she wint tae the hairdresser, and got her hair bobbed and spincurled; then she and Jeannie baith bought themselves new stays and bonnie pinnies, alang with silk stockings and new high-heeled backles; they also bought make-up. She had enough tae get some things for the bairnies, as weel.

It wis a Friday: and she did herself up tae the naggings, and she wint doon tae the Castlegate where she kent Big Glenn wid be, and she flaunted hersel among the gadgies. Weel, she wis surrounded in nae time. Even Big Glenn came ower tae deek this bonnie manishee. Whit a great surprise he got whin he found oot it wis his ain good wife. He got a bit jealous of the ither men eeing her up. She jist showed him that she could, if she wanted tae, get anither gadgie nae bother. Bonnie Mary-Anne wis gan roon the Castle Mairket as weel, and she couldnae hold a candle tae Liza. Glenn then realized whit a really attractive dill his wife wis.

With the last of the Divi money she decided tae pit a pound ontae the Pools. She aye taen a wee flutter ontae the Pools, but it wis never mair than twa shillings at the maist. This time, she felt quite brash, and she pit a pound ontae the Pools. She never thought mair aboot it. Whin she checked her Pools on the Saturday, she found oot she had twenty-three points! Her pal, Jeannie, told her she wid get a few coppers for it, but Liza thought that she wid get a couple of pounds back, and then forgot aa aboot it. Then the following Thursday a weel-dressed pottachan came up tae see her. He introduced himsel as a representative frae the Pools company. (Big Glenn wis intae the kane at the time, and his lugs cocked up). Then whin the pottachan mentioned the ten thousand rege, and gaed her the cheque for it, Liza fell doon and hurt her airm – whit a wonderful shock tae get! Noo her bairnies could be the best dressed bairns intae the toon. She wis ower the moon with delight. Big Glenn telt her tae pit it intae his name, but she widnae hear of it.

"I wid be a right radge tae pit my money intae yer name. Noo ye and yer silly auld mither, alang with yer bonnie Mary-Anne and aa of mi guid-sisters, can gan tae hell!"

Big Glenn wis flabbergasted, and he didnae mang a word oot of place.

Times noo had changed for Liza. She pit her money

intae her name and made a will, so if onything should happen tae her, then her bairnies wid be the beneficaries, and nae Big Glenn. He toed the line, and didnae cairry-on with ither manishees again; he immediately stopped drinking and he became a model husband. She bought a beautiful wee hoose jist ootside of Aiberdeen, and it wis a showpiece and she paid twa lassies tae keep it up tae scratch. It wis furnished with the very best of furniture, and she even bought an electric gramophone. Aa of her snooty sisters-in-law noo tried tae be very friendly with her, but although she didnae get too close with them, except for Annie, she made them welcome enough. The nephews and nieces noo cawed her Auntie Liza, and they aye wint oot tae see her. She gave Glenn a good start and he had a fine big store and a puckle of cars; he made a better man of himsel and he prospered. Their money seemed tae increase aa the mair.

She cawed her hoose *"The Ten Leagues"*, cos her wee laddie had telt her lang ago aboot whit they called her. Her relatives fairly changed towards her.

Then auld Mither Ralston taen very ill and she wis left a bit paralised, and she needed constant looking-aifter. Her daughters, as she aye cawed them, could-nae be daen with an auld invalid culloch; she had aye bin sic a cantankerous woman and noo she wis dependant on ithers. Her folks noo had nae muckle time for her and they were gan tae pit her intae the Auld Mill Poor-Hoose. Liza wint intae the toon, and took her oot tae her hoose, where a beautiful bed-room, with a nice wireless and aa her orders, wis provided for the auld woman. The salt tears trickled doon the auld woman's face, cos black, burning shame came upon her, whin she minded ontae the time whin she treated Liza like dirt. Here she wis noo getting weel-treated back in return. She begged Liza's forgiveness, which she got freely pardoned. Liza said,

"Auld woman, ye will never, ever again be withoot comfort as lang as ye live, for I will see tae ye. It seems ironic that in yer later years of life, the daughter-in-law that ye hiv tae bide with, wis the een ye cawed the *Ten Leagues of Clattiness*!"

At the end of that story Auld Fanny his a salt tear in her ee – I could deek that the story obviously touched her.

"Aye," she says. "There are some really guid folks intae this earth! Though I dinnae think I could hae bothered wi sic a selfish auld woman – if ever I get tae be a coorse auld woman then I hope they tak me oot and shoot mi!"

Jist as we were speaking, the boss came alang and spotted me on the pickles and he got a bit annoyed. He shouted tae a young lassie filleter cawed Jean: "Ye gan on the pickles and help the auld woman! Pit Stanley back on the filleting table, cos he can cut twice as much as ye can."

Jean wisnae very pleased aboot getting telt tae gang ontae the pickles, but she hae nae ither choice and so I wint back tae dae some wee haddock cutlets until the evening wis finished.

Monday's wis often a very hard and lang day, and I wis glad tae get hame those nights.

Chapter 4

SMOKIE TUESDAY

Since aa the smokies were ready noo for firing, I wid work purely on that job for aa of the morning and for a while in the aifterneen. I didnae see naething of the ither filleters then, cos the smokie pits were at the end of the fish-hoose and I wid often work ben the hoose there wi an awfy fine lassie cawed Hester. We got on very weel thegither and we wis far-oot relations.

Noo, many folks came intae the place for smokies, cos we supplied nearly aabody in the toon and we aye gaed them a couple of smokies extra. The boss kent we did this, but if fish on that days were cheap he didnae really mind – only if the fish wis dear, then we kent we wid get the blaws for it. Usually the boss wis guid-natured, and he hid a sense of humour.

My job those days wis tae cook the fish that hid bin left tae dreep aanight. There were the pits themselves that hid tae be cleaned oot (and I got anither loon tae dae that dirty job, cos I wisnae gan tae get aa dirty cleaning oot pits!)

Aifter that I hid tae fill them wi oak-wood chips and cover it ower wi sawdust. It hid tae be carefully pit doon, cos too much chips and the smokies wid be burned jet-black and be nae use – or too much sawdust and yer fire wid gan oot. So, if ye didnae hae it jist right, then half of the fish wid faa doon and that wid pit oot yer fire and ye lost the smokies... It wis a skilled job and a right smokie een!

Noo the firm had a reputation tae live up tae and as I did hae experience on smokies frae a lang time before I kent that the maist important factor wis the wind. Ye hid tae adjust yer lofters according tae the direction of the wind. If ye deen it wrang then the place filled up with smoke and it wid almost smoor ye. Sometimes ye hid nae control ower the elements but ye jist deen yer best. Whin the smokies were finished they were left tae cool ontae a standard and packed in half-steen boxes and the folks came in for smokies in half-steens.

My favourite pastime wis eating the roasting hot smokies fair oot of the pits – they were delicious! Hester and me baith ate a fair whack of smokies. Onywye, that's whit I deen that day as the smokies were coming oot perfect and jist the wye the boss liked them.

Noo many characters used tae come in for smokies and een of mi favourite lads tae come in wis the General.

He wis hilarious wi his jokes and antics. Every day brought forth a new joke and a tale of some kind. He wid come intae the fish-hoose like a ray of sunshine and say something like:

"There wis these twa eggs boiling intae a pot and een egg says tae the tither, 'This is awfie – getting boiled alive like this' and the ither egg replied: 'That's naething – fin they tak ye oot of the pot they smash yer skull in!'

It wis sae sully ye hid tae laugh.

That morning the General hid started tae tell me aboot his neighbour's dog. Weel, ye didnae ken if he telt the truth or wis he jist a right prechum-teller...

THE SCABBY JUCKAL

"Tammack and Jean were pensioners and they bade intae an upstairs flat, nae far awa frae the harbour in Aiberdeen. Tammack had been a general dealer all of his life, but since he turned sixty-five he gaed it up and settled doon with his pension. He took an awful interest in green-bowling and he spent nearly every afterneen of the fine summer days playing in een of the Corporation Parks, and he made a few new freens in the process. In the winter days he would gang tae the matinees or walk roon the galleries and places of interest that he didnae dae whilst he wis dealing. Jean wis a real moan of a woman and she alwyes complained sairely that she wis forever getting left on her toad and she moaned and moaned on aboot it. The man wis surely glad tae get oot for a while, awa frae her constant nagging.

Een day, there wis a great row broke loose, and Jean called Tammack for aathing. She said tae him that she wis tired of being left alane like a grass-widow and she telt him that she wis gang tae buy a dog as a companion for hersel, because he wisnae much of een tae her.

"Are ye mad, woman? A dog would never dae in our hoose, we're upstairs and there's nae a park nor field tae walk it in."

"Mrs Turner, doonstairs, has a nice juckal, and she is aulder than oursels and she manages tae tak it oot aboot," says Jean.

"Dinnae be a daftie. I'll nae hear of a juckal in this hoose, and that's mi final word on the maitter."

Well, Jean wisnae gang tae let Tammack hae the final word and she swore that afore the day wis deen she wid hae a juckal – before the night wis oot. Tammack wint awa for a walk by himsel so as tae save himself losing his temper.

That very aifterneen Jean went doon tae the Dog's Home and she bought an ugly juckal for ten shillings. The Deil maybe kens whit kind of a juckal it wis? It had a big, mottled gray head and it looked like a hyena that had jist been foraging amongst the savannah. Yet it's body wis sae skinny and delicate-deeking and it had a sort of wiry, hairy skin. It wis the ugliest juckal that wis ever on the face of the earth. It wis a mixed mongrel breed, but Jean, who wis a wee bittie blind, thought that it wis a real bonnie dog, but indeed it wis repulsive tae look at.

When Tammack came hame that evening, he squealed with horror: "Where on earth did ye get that ugly, scabby juckal frae?"

"I beg tae differ, but it is a very beautiful specimen of a dog," replied Jean in defence.

"Well, ye dinnae expect me tae be seen deid walking aboot with that cratur? I would be shamed tae the bone."

"Then ye will jist hae tae get used tae it," says Jean. "And, ye 'll need tae tak it oot noo."

"Whit a scabby animal, surely ye must hae got it for naething?"

"Weel, next tae naething, for I only paid ten hog for it."

"First I rifted, then I farted,
For a fool and their lowdy are easily pairted"
quotes Tammack.

"Get oot! Ye gang with the beast, as it has tae dae its needs; awa ye gang!"

Well, Tammack takes the ugly brute awa roond the harbour and he feels like drowning it intae the docks. He wis feart onybody would mang tae him and he felt a right balmstick walking sic a beast. Aifter a guid half-hour's walk he teen the juckal back hame tae the hoose. As soon as the dirty juckal got hame it blootered right in front of the fireside. Tammack went stone horn mad, yet Jean says, "It's nae the poor beast's fault, ye should hae kept him oot a while langer!"

The auld man wis fair scunnered with this ugly thing in his hoose and it meant he had aye tae climb up these high stairs every time. As for Jean, she fair adored this beast – she must hae seen it with different een frae aabody else. Tammack aye said tae her, "Your een must hae bin in yer airse when ye bought that blootery toot."

They used tae lock it up at night in their wee spare room, and that wis the room whar they kept their slop pail. Aabody kept a slop pail, cos the lavies were doon at the back of the keir. So, tae save yersel a trip awa doon intae the dark backie at night, then for the sake of convenience ye kept a clatty pail.

On the third night of haeing the juckal, Tammack decided tae get up tae use the slop pail. He wore only his long sark in his bed. He got up during the night tae use the pail and whin he opened the door of the room, did this fierce, ugly hyena-type juckal nae attack him... It stood about twa feet high and although its body looked sae frail, its jaws and teeth were strong – it savagely bit him between the legs and the thighs and it tore at his flesh near his genitals. He wis immediately in shock and he could hardly get the juckal tae stop the attack on him. Jean wakened up with the commotion and pit up the light in the room. The juckal then stopped its vicious attack on Tammack.

Tammack wis in a state of shock and bleeding heavily. The fleer wis like a butcher's shop with aa the blood that wis faaing off him.

"Woman! Woman! Get an ambulance afore I bleed tae death! It's all yer fault, bringing that ugly vicious monster intae the hoose."

"It's nae the peer juckal's fault, he wis only protecting the hoose. Ye should hae pit on the light in the room, because he's teen ye for a burglar."

"Get the ambulance, fool, and never mind about the smelly mut!"

Jean wint doonstairs, tae whar there happened tae be a telephone box and phoned for an ambulance. The ambulance came within minutes and twa loons came upstairs with the stretcher. They immediately got a towel and they stapped it up between Tammack's legs tae halt the bleeding, for he wis losing a lot of blood. Then they pit him intae the stretcher tae tak him tae the emergency department at Woolmanhill Infirmary.

As they pit him intae the stretcher, een of the ambulance men asked whit had caused the accident, as he thought the auld man must hae cut himself with an open razor, or some freaky thing had happened. Jean telt the lads whit really happened and jist with that – the ugly juckal came in tae whar the twa lads were coming oot.

Noo ambulance men are usually very sympathetic tae folks, but the een that wis carrying Tammack at the front of the stretcher kind of smirked tae himself, since he thought that it wis a wee bit humorous – while the lad at the back nearly sluiced himself trying tae hud back the laughter. Weel, the twa lads were halfwye doon the stairs whin the fella at the back burst intae the greatest gust of laughter that ye ever did see. Noo the mannie at the front, he couldnae keep back the laughter either and he broke into the wildest, hilarious fits; the twa men were in blue hysterics, cairrying the stretcher doon the stairs.

Then the ugly juckal started barking and this wis too muckle for the ambulance gadgies tae tak. They couldnae control their ootburst of loud laughter. They lost complete control of themsels and lost their co-ordination of balance and, very stupidly, let faa the stretcher ower the bannister. The stretcher went heels tae gowdy doon the stairs and peer Tammack wint crashing doon alang with it. The shock nearly killed the auld man. The twa lads wint aa the mair into convulsions of laughter. When Tammack got tae the hospital, he had a broken arm, collar bone, and six broken ribs. The ambulance men were teen ower the coals for the accident, but they both stated that they had slipped ontae the highly polished stairs. Their word wis teen, so it meant that the highly polished stairs had actually caused the incident.

Tammack kent that it wis the twa balmsticks laughing on the stairs that had really caused the accident.

Weel, it took weeks and weeks for Tammack tae get better frae the accident. He got nae compensation or claim for the negligence of the twa lads wha let him faa doon aa the stairs.

Jean grew far too fond of her ugly juckal tae pairt with him. So, whin Tammack came home frae the hospital he jist had tae accept that this awfy scabby juckal wis there tae stay.

Jean cawed her juckal *Smootricks*, cos that wis a cant word for *petted thing,* but Tammack aye cawed it *Blootery Toot.*

Well, the ugly, scabby juckal lived with them for ages – it lived as long as they did!"

As he wis gan oot I jist said tae the General: "Ye tell right porkie-pies!"

Noo the smokie caper sometimes could be mair fun than being in the filleting table, cos ye met mair folks coming oot and in. Ye got biscuits frae the baker, sweeties frae the vans, and even toiletries frae the salesmen. It wis rare. And whin ye are happy at something then the time passes quicker.

Back at the filleting table the smokie work wis near finished by the aifterneen tea-break and aathing wis cleaned up. During the tea-break twa of the lassie were trying tae mak up a letter tae send tae Nudgie. Nudgie wis a guid-looking guy wi very dark een and hair and he wis gan aboot wi a quine roon the corner, but Stella and Dottie wanted him tae turn his attention ontae them. Nudgie widnae look near-hand at them, so they thought they wid write a stupid letter jist tae stir up things for the fella. Tessa heard them plotting aboot whit they intended tae dae and she got ontae them:

"Let me tell ye aboot a similar situation that arose wi sully folks writing coorse letters and whit re-sulted,..."

THE LETTER

"These twa lads were second cousins and for years they had been pals taegither. The only thing different aboot them wis that Lockie wis mair times oot intae the country, cos his hantel camped oot aa of the year roon, whilst Frugal bade mair times intae the toon. The twa lads had aye been pally, but as they grew aulder, they didnae see sae muckle of each ither. Many times Lockie would gang intae the toon and he would bide with Frugal's mither and he would knock aboot with Frugal.

Lockie wis aboot five feet nine with awfy dark tousled hair, thus he got the nickname of Lockie. He could find his living oot of naething. His nature wis very placid and he had a kindly disposition; the lassies aa liked him because of his handsome features and he wis slim pit-up. Noo, his freen Frugal wis mair brosie-featured, and he had rather a big stomach and sticking-oot lugs. Like Lockie, Frugal also had bonnie dark, curly hair, but it wis his only guid feature. He was a rather grippy kind of chiel and very much intae the wyes of the scaldie folk. He worked at a factory in Aiberdeen and he liked fit-ba and times he would mate aboot with the flatties and sometimes spake like them. Lockie didnae behave like the toonsers in the least bit. Never mind, the twa lads got on weel enough and very seldom fought with een anither.

Then, close tae his nineteenth birthday, Lockie decided tae get hitched tae a Traveller dilly cawed Jenny. She wis the youngest bairn of Big Bleacher, and the only lassie tae boot. She had seven brithers and they were built like aiks, and they aa doted upon their young sister. They bade oot the toon near Sauchen whar they owned a guid skelp of land and a rare big hoose. Only the folk were very wild Travellers and they would sometimes gang tiperty. It wisnae a wise thing tae cross their paths. Usually they were fine people but if ye did them a wrang turn, then ye kent that ye would get tattiecomeasoorik. Weel, it wis Lockie's choice, for aifter aa the girl wis a bonnie quine. At the wedding Frugal wis his Best Man.

Jenny and Lockie got on weel for the first year, but

intae the second year a lot of things happened and a rift grew between them. Lockie thought that he would caw it a day, and he left Jenny with her ain hantel and he came intae the toon and bade again with Frugal's mither. He missed his wife a lot but he thought if he gave himsel enough breathing space they might be able tae make a reconciliation later on.

While the laddie bade intae Aiberdeen, Lockie gave the auld woman a guid fee for his keep, and in fact gave a lot mair than Frugal gave. Lockie aye made mair money while Frugal only had the wages frae the work. Frugal started tae get a wee bittie jealous of his pal. Aifter aboot six months, Lockie decided that he would like tae make amends with his wife. Noo, Lockie did hae een disadvantage frae Frugal. Lockie couldnae screeve. He didnae get the schooling that Frugal got; the ither lad wint tae the school cos they aye bade intae the toon aa of the winter. Lockie thought that he would get Frugal tae write him a letter.

Een night, Lockie wint ben tae Frugal's bedroom, and Frugal wis entertaining a dose of scaldies; and Lockie asked him if he would write a letter tae his wife on his behalf. With a great laugh and sarcasticness he said that he would dae it. Some of the scaldies twittered and sniggered cos they thought it wis very funny that Lockie couldnae write a letter. Noo, Frugal wis being a scaldie jink-licker at the time, and he never spared a thought for his freen's plight or embarrassment. Frugal's snide remarks were in peer taste, but he said that he would write the letter. He telt Lockie tae dictate whit he wanted tae write, and that he would pit it doon ontae the paper; he didnae hae the guid manners tae dae it in private, oot of the leering yaks of the scaldies. Lockie obviously felt kind of stupid in front of the hantel but he didnae expect that Frugal would make a corach oot of him, aifter aa he wis a freen, and a fellow Traveller.

Weel, Lockie started tae tell Frugal whit tae write. The letter wis a private and personal een, and it wisnae something tae be made fun of nor taken light-hearted. It wis an honest turn of the heart for a man tae reconcile with his wife. Lockie's heart wis genuine.

The letter read:

Dear Jenny,
I miss you very much and I realise that I hae been silly. If you can forgive me then I would like to have another go at our marriage. Please know that I love you with all my heart.
Yours forever,
Lockie

The letter caused quite a lot of laughter frae the scaldies and Frugal wis sniggering like a Cheshire Cat. It wis a great fairly in front of aa the folks in the room. Frugal wrote oot the envelope; he gave it tae Lockie tae see, and Lockie jist took it that his best freen had written oot the letter as it wis said. Whit Frugal really had written, and whit wis causing such a stir of laughter among the scaldies wis:

Dear pig's face,
Ye are the ugliest guffie of a manishee that ever

walked the face of the earth and ye are a pure loodney as weel. Ye hae been rootled by every gadgie roon Sauchen and ye come frae a faimily of minkie scum.

Never yours,
Lockie

This letter wis posted, and Frugal thought it wis sae great tae make a radge oot of Lockie. Perhaps he never thought upon the consequence that it would hae, or the effect that it would hae upon Jenny's faither and her brithers who were sic a prood faimily, and they would nae let the win blaw upon Jenny. Whit a terrible insult it wis tae the lassie and her hantel.

Weel, the issue brought forth murdering prattle. The folks were gan aboot stane-horn mad and they vowed tae mooligrab Lockie, and that hantel didnae make vows lightly. They seethed with rage, and swore if they caught him that he would pay dearly for the insults tae the lassie and tae their name.

Aboot twa weeks later, aifter the writing of the letter Lockie decided tae tak the bus oot tae Sauchen, and that wid hae bin enough time for Jenny tae warm up a bit; and he didnae think that his goodfaither and brithers would hae ony animosity taewards him. Peer fella, he trodged up tae the hoose, and whin the hantel deeked him, weel, he never got time tae sae a word. They kicked him up and doon, aboot the hoose and ootside intae the fields. Each of the lads plugged him and kicked him. Jenny threw a slop pail aboot him, and the brithers made him into mincemeat. Whit an awfy laying-on they gied him. They broke seven of his ribs, three of his teeth were knocked clean oot, his face wis pulver-ised as though he had bin in a car crash and there wis a great open gash ower een of his yaks. Then they picked him up and threw him intae an open field, and left him as deid. The peer cratur who hidnae deen abody ony hairm, lay unconscious intae the field unable tae move ony pairt of his body.

By luck a fairmer who wis working in the field saw him getting dumped there, and he wint ower tae attend tae him. The fairmer kent whit mad folk this faimily were but he picked up Lockie, and pit him intae his car and drove him through tae the Infir-mary in Aiberdeen. The police came intae see him and wanted tae ken whit happened but Lockie never cliped ontae naebody. He kent that he had bin set up. He minded upon the letter and he twigged that his best freen Frugal had betrayed him in order tae please a puckle scaldies.

It took a month intae the hospital afore he got better of the battering. He didnae deserve tae get that. Een of his eyes got heavily stitched and his ribs teen aboot three months tae heal properly. Noo, word wint oot among the Travellers aboot whit happened tae Lockie, and some of his ain folk wint oot tae vow vengeance upon this hantel for battering Lockie sae bad. Whin his folks heard of the insulting letter een of his cousins said tae the Big Bleacher's lot,

"Ye must aa be dumpish folks, cos dae ye no ken that Lockie cannae read nor write?"

Only then did Big Bleacher realise that he gaed Lockie a laying-on for nixie. If only they had gaed the laddie a chance tae explain himself but they didnae and the result could hae bin murder.

The folks came intae Aiberdeen tae make amends with him but noo a reconcile atween them twa wis oot of the question. They asked Lockie who wrote the letter but he would nae gie awa the name of Frugal. There wis enough blood shed as far as he wis concerned.

Lockie couldnae fin it in his heart to truly forgie Frugal. The lads made a kind of freenship again, but aneath Lockie's pow wis a vow of vengeance. He would repay Frugal back and humiliate him in the same wye as he had bin deen tae.

A few months passed and Frugal decided tae get mairried tae a really bonnie lassie, and her name wis Marion. Frugal wanted a wee quiet wedding but Marion said nae, she wanted a big white wedding with aa of the trimmings; she would nae let Frugal get aff with a wee quiet wedding. The date wis set and a grand hotel in the toon wis booked for tae cater for the feast; it cost Frugal over twa hundred rege for it and that wis a lot of lowdy. Every detail wis planned doon tae the very honeymoon; Frugal had arranged tae gang tae Paris, he couldnae stop blawing aboot it; it wis supposed tae be a secret, but Frugal had a big skate moo. He spent nearly aa of his savings for tae make this a great day; he wis a very greedy fella, but he spared nae expense tae make it jist right for Marion.

The ceremony wis held intae a doon-toon kirk, and it wis really lovely. The kirk wis aa deen up with the bonniest of floral designs, and the lassie deeked wonderful in her bride's dress, alang with the bridal maidens. Lockie wis Frugal's Best Gadgie, and he played the pairt right weel; he gave a speech at the wedding and he thanked everybody for their presents, and he deen his best at the reception. The dance wis gang great and everything aboot the wedding wis jist peachy.

But during the evening Lockie wis plotting oot a plan for himsel. He deeked at his freen Frugal sae happy at the moment: Frugal got the lassie that he aye desired abeen ithers; that wis the wye he spent as muckle lowdy upon the wedding. Frugal wis jigging with een of the bridesmaids, and that wis the opportunity for Lockie tae spring oot his plan of revenge.

Lockie slowly wint up tae Marion, who had newly changed intae her gang-awa ootfit, and he teen her by the hand ontae the dance-fleer, and he started a slow dance with her. Ye see, Lockie aye kent that Marion aye fancied him, cos she even asked Lockie tae gang oot with her whin he wis mairried tae Jenny. He deeked intae her yaks, and then cast his devilish spell upon her. She reacted tae him, and then he kissed her passionately upon the lips. He wis a very handsome laddie, and Frugal deeked like a half-droont rotten loochie rat beside him. (Frugal aye wis jealous upon Lockie's guid looks). Noo, Lockie wis using his chairm for a mair sinister ploy. He manged tae Marion:

"Ye aye ken that I loved ye mair than Frugal ever could. I ken that ye like me an awfy lot. Ye hae mairried the man but ye will never be happy with him. If ye still want me as yer man then let's gang awa noo afore ye gang awa with him tae Paris or it will be too late. I am a better man than he will ever be tae ye, and at least ye will hae something tae look at in bed; but if ye tak him then ye will hae only a misery-gutted gadgie aa of yer days."

"Yes! Yes! I would rather gang with ye ony day than gang awa with Frugal. He can only offer me money but ye can gie mi love!"

Between the twa there wis made a plot and they baith wint oot the door of the hotel, and awa intae Lockie's car. They bolted awa with each ither. Een of the bridesmaids deeked them binging avree thegither.

Then came the time for the young couple tae gang awa frae the reception and awa tae Paris on their honeymoon. The couple's bridal car came tae collect them, and tak them awa tae anither hotel for the night, and then they would gang awa tae Paris the next day. Frugal wis aa ready and he called for Marion tae come. Abody wis shouting for her and they searched for her aa ower the place. Then up spoke the lassie, who said that she had deeked the Bride and the Best Gadgie bing avree in the the Best Man's car. Aabody wondered whar aboot they could have gang.

Then came the maist shaming thing that could ever hae a happened tae ony man. His wife had eloped with anither gadgie. Aa the cairry-on of a big wedding, a honeymoon tae Paris, and the big reception – only tae be cuckolded on his first night! Frugal would niver ken the pleasure of hudding Marion intae his airms, neither would he have the lassie of his dreams tae truly be his wife. Then there wis the shaming of it aa, and the deep enbarassment of kenning that his wife left him on the night of his wedding, tae gang awa with his best freen.

It gave Frugal thought tae think upon... Little pity had he gaed tae Lockie whin he hid come tae him with his heart on a plate, and the humiliation of makin a fool oot of him in front of the scaldies. Worst still, the battering that he got made Lockie his deepest enemy. Aa of these thoughts flooded his mind, but it wis too late for remorse. Little did he think that a stupid wee letter would have sic terrible conseqences.

Frugal never mairried again. Lockie lived happily ever aifter, and he grew tae love Marion very much; she turned oot tae be a grand wife and mither tae his bairnies."

"We are very sorry," said Stella, "we didnae think that it wid really cause ony trouble."
    Tessa replied, "Weel, it's better tae prevent a thing than try tae cure it...
    There wis only a short time left noo tae finish aff cos wi didnae hae tae work overtime every night. That day we finished at the usual time.

Chapter 5

WHITING WEDNESDAY

Wednesday's wis aye a fairly busy day and we kept at it intae the aifterneens. Sometimes we wid pit on the wireless and sometimes we jist hid quiet. The boss wid buy a stack of wee whitings and they were murderous tae block. Firstly they hid tae be finned, then filleted, and then the skinners wid skin them, but it wis a dreary job cos of their size. They were packed up intae fours, fives and sixes. Whit a drag. The time jist hung on. If ye looked at the clock the day wis as lang as eternity. The stories were a great respite frae the drudgery of the work...

Decky shouts oot, "Stanley, for guidness sake, wid ye tell some creepy stories or I'm gan tae tak an eppie."

Fat Batty piped up as weel. "Oh, please, tell us some tales tae keep me frae faaing asleep. I think I will hae tae get some matches tae keep mi een open, cos I'm jist scunnered looking at these wee whitings."

"But Batty," says Decky, "Ye gang aboot like a poop in a trance at the best of times."

"I'll scud yer lug, ye cheeky little toad," she replies.

"OK!" says I, "I'll tell ye some creepy stories tae pass the time awa."

BURKER'S TALE

" Sammie wis a sodjer and he served with a gallant regiment of the Forty and Twa. It wis troubled times whin he joined up and the Crimean War wis raging, and also there wis a lot of skirmishes gan aboot abroad awa. Never mind, he joined up tae serve for his Queen and Country. He came frae a faimily of sodjers who aa telt him the cruelties and the glories of war. The sodjers suffered the cruelties whilst the officers got aa the praise and honours. He wis a smaa-built fella and he aye said that he could stop a bullet or a lance.

That's jist whit he deen. It wis a great charge ower a high hill during the Crimean War, whin a shot or shell frae a cannon blasted right smack in front of him. Some of his mates were killed and maimed, but Sammie only got the fragment of the blast fair intae his face. Whit an awfy mess of a face he got. Before the war he wis nae a bad-deeking fella but noo aifter the blast, half of his face wis taen awa. His scalp wis torn aff and whit a terrible sight he wis left. The doctors at that time couldnae dae naething for him but jist sent him hame withoot a penny nor pension. That wis the wye of things then. So Sammie had tae come hame tae Aiberdeen with half a face that deeked sae ugly. His mither could hardly look at her laddie, and his faither would munt whin he deeked at his bonnie laddie's maun. It wis an awfy shame for Sammie and he took tae hiding the terrible half of his face with a big tartan bonnet sae that the folk didnae see him in case they would get a fright. I suppose ye would get used tae it come time, but folks seeing his face for the first time would get the fleg of their life. Sammie wis awfy miserable with his condition and tae mak it worse he couldnae get a dilly tae look at him, well, that wis until Noreen came alang.

Her folks were a bunch of Irish Travellers who were gang aboot Scotland trying tae mak some kind of a living oot of the land. Noo it wis unfortunate for Noreen cos whin she wis a wee gorfin she accidentally fell intae the open tenya, or big fireplace, and she wis disfigured for life. She wis only a lassie, but none of the fellas would deek at her, for her airms, neck and face were fearsome kind. Pairts of her face were jist pure bone sticking oot of her withered flesh. Noreen used tae wear a scarf ower her face tae try and hide it; she wis very self-conscious of it and she would hide awa frae the folks.

It sae happened that the folks aa camped the gither near Rhynie een time and it jist happened that fate brought Sammie and Noreen taegither.

She wis daeing her washing near a wee burn, where she kent that naebody would be aboot, and she wis singing like a lintie tae hersel. Little did she ken that Sammie wis gurgling for troots jist aroon the corner where she wis daeing her washing. Sammie wint roon tae investigate the bonnie singing, and lo and behold, he deeked this lassie with a scarf roon her heid. She saw him and she wint tae pick up her washing, whin he said tae her,

"Whit a bonnie canter ye are!"

He asked her name and she coyly replied in a sma voice,

"My name is Noreen."

"Why are ye wearing a scarf roon yer bonnie face?" he said, "Have ye got earache or some-like?"

She angrily said, " Must ye mak a fool of me?"

Sammie very humbly asked,

"Why would I mak a fool of ye?"

Then she taen aff her scarf and showed him her face, and Sammie deeked very sorrowful at her, and he said,

"Ye are still a guid canter, and I think there is naething wrang with yer moy."

"Then ye must be blin!" cried she.

Then Sammie taen aff his tartan bonnet and he revealed his maun, and the lassie started tae greet.

"Oh, I am very sorry," said the lassie, "cos I am aye sae wrapped up with mysell and mi ain problems that I never thought that onybody else would be as bad as mysell!"

Then the twa started tae speak tae each ither, and they found respite intae each ithers company. Nae lang aifter that tae the astonishment of everybody, the twa got hitched. They baith covered their faces in front of the strange folk, but whin the twa were taegither they found love intae een anithers embrace. For beauty wis intae the ee of the beholder, and as they were baith young, a kind of enchantment spell wis upon each of them and each seen the ither as handsome. They made a guid match, and they were very happy and they worked weel intae een anithers wyes and were contented.

They were blessed with three bairnies. Twa laddies and een dilly. But whit a sin, for the wains for some reason were awfy ugly children. Though folks would sae tae them, "Whit bonnie wee bairns," yet under their breath would caw them, "ugly wee guffies."

Noo it wis at a time whin there were many Burkers gan aboot, and it wis no safe for Travellers tae be on their toads. It wis aye safer tae be with the crowd; there wis safety in numbers. Since Sammie and Noreen were a bit of an oddity, they sometimes would bing avree frae the rest of the hantel and gang awa by themsels. Sometimes they felt a bittie shan aboot their appearances and there were aye een or twa folks would make keelioshieks oot of them; although they never camped too far awa frae folks. They were aye trash of the Noddies and Burkers.

The Burkers would mooligrab Travellers cos they

werenae aye registered and the authorities widnae jee their gingers aboot Travellers onywye. They were an easy prey for the Burkers. Mony a peer Traveller biding their leaf alane were mowded and never heard aboot again.... they ended up aff intae the slabs of the medical pairts of the universities, and they were cut up intae wee penny-pieces and dissected by the students. They cawed it progress intae the medical science, but tae the Traveller folks it wis jist cauld-bleeded murder. The Burkers were daeing a good job and making a fine living for themsels; they were in cahoots with the colleges and they supplied the drugs tae pit their unsuspecting victims awa, so that their bodies would be fresh for the medical students. The Burkers would steal frae the graves as weel: rich hantel would hae great heavy lead coffins so that their bodies would rest in peace, but peer craturs wint missing frae their graves, and fell prey tae the evil resurrectionists.

Travellers were their main ploy and fearsome tales were telt at the firesides sae that abody were weel versed intae how tae flee frae the Noddies. The Burkers would sneak up tae lonely camps at night and kill the peer folk who happened tae be intae the wrang place at the wrang time. They would pit mugnies roon aboot the horses hoofs and they would oil the wheels of the cairts they used, sae that they widnae mak a chirp nor cheep. This ploy gaed them a silent approach. Travellers would sing sangs aboot the Burkers and tell stories aboot things that they deen. Een of the sangs wis:

Doctor Knox, Doctor Knox,
Pits bodies intae an auld tin box
Een for a penny, twa for a pound,
And three for a golden sovereign

They were very weel paid, and the fresher the body wis, the mair lowdy they would get for it. They would tell tales of Burke and Hare and of how een wis hanged whilst tither got his lugs cut aff, and they aye telt the story of how many times they missed being caught by the man with nae lugs. They pit the fear of death intae aa of the Traveller folks at that time.

Noreen and Sammie with their three bairns were camped aye night nae far frae Banchory, and on a dark misty night the Noddies were gan aboot. Sammie pit oot the fire cos the smoke would gie ye awa and he and his wife and kenchins cuddled intae the camp. The night wis dreich, dark and dismal. Ye couldnae see yer hand in front of yer face cos of the reeking mist that wis everywhere. The man and woman thought that they were safe that night as they huddled sae close tae each ither in a deep slum, but little did they ken that an evil associate of the Noddies had sprached ontae them. This wicked gadgie would get a share of the lowdy for gaeing the tip tae the shan gadgies.

Through the deid sealings of the night, the Burkers came with the hearse and the horses. They sneaked quietly up tae the camp like a lion stalking its prey, but only they were mair professional. Secretly they came up tae the camp door and they steadily approached. There were three big, burly gadgies who didnae tak fear at men nor beast.

They opened the flap and sprung intae the attack. Abody in the camp screamed. It wis pitch black and naebody kent who wis hitting the ither. Sammie and Noreen kent that they were gan tae be croaked. They screamed and squealed like banshees and the bair-nies shrieked oot of them.

Then een of the Burkers picked up a lamp tae see whit he got – and he got mair than he bargained for: Noreen's fearsome face, contorted with fear, beamed fair intae his ain murderous yaks, and he got the biggest shock of his life! Never afore had he deeked sic monstrous features, with the bones stick-ing oot! He screamed and run awa, cos the Travellers were noted for their works intae the Black Airt and this gadgie got sic a fleg that his heart near stopped. Whin he run oot screaming, the ither Burker deeked intae Sammie's maun, and he let oot a scream of horror and bung awa as weel, in fright. Then the last of the Noddies picked up the lamp, and he got the wee bairnies, who were ugly as sin, squealing at him. As he wis the last of the attackers, Sammie and the rest of them battered him with sic force that he nearly snuffed it; they laid intae him sae hard, that his face wis like a loochie that had bin run ower with a dozen coach and horses. He made aff intae the night screaming for his life. Weel, his companions didnae waste ony time in fleeing awa, cos the third Noddie wis left tae fend for himsel, and tae find his ain wye hame.

For eence in their lives they were glad of their gruesome looks for they kent it wis their ugliness that had saved aa of their lives.

Frae that time on they were very careful where aboot they camped, and they aye stuck closer with the rest of the Travellers. They were never gan tae be pit intae sic a peril again. They telt the story tae abody they came intae contact with, and they became kind of famous amongst the folks, as there were jist a few who had escaped frae the hands of the Burkers.

Their story wis passed doon through the faimilies through the oral tradition.

Donkeys of years later, the faimily had inter-mairried intae anither faimily of Travellers, and there seemed tae be an awfy dispute or animosity amongst them. They were aye finding faults with een anither, and one of the women said tae the ither yin,

"Yer sons are as ugly as guffies and they are the weirdest-deeking gadgies that I hae ever seen in mi life."

"Yer Donnie is nae guid enough a match tae be wed tae my Tessa, and she is sae bonnie, and Donnie is sic a beast."

Noo, the ither auld grannie wis mad with rage and she kent that this woman came aff of the faimily of Sammie and Noreen, and she replied:

"Weel, my Donnie might nae be sic a handsome gadgie, but yer folks were that ugly that Burke and Hare refused tae kidnap them, – so pit that in yer clay pipe, and smoke dill!"

NIGHT AT THE WALEE

" The Great War wis finished aboot five months and things for folks were jist beginning tae get back tae normal. For a lot of hantel things wid never be the same again, cos mony a peer body had lost a relative intae the war; and this wis the situation that Edith found hersel intae.

She wis a guid-deeking hizzie in her mid-thirties but a lot of misfortune had fell upon her. She had gotten hitched whin she wis jist sixteen years auld, and she had bin widowed afore she was eighteen; she had a son oot of the mairriage, but he had joined up in the army during the war. He wis only seventeen whin he left, but he wis killed in a battle nae lang afore the war finished. It wis an awfy blow for Edith, and she never quite got ower her Johnnie's death.

The day that she got the telegraph stating that he had bin killed in enemy action, wis the worst day in her entire life. Tae hae a laddie sae weel and healthy, and then for him tae be taken awa frae ye, wis a hard blow. The cratur wis trying hard tae piece the pairts of her life taegither tae try and mak some kind of a life for hersel.

Her folks were aa Traveller hantel and they used tae gang awa in the spring, and they wid bide awa aa of the simmer. There wis money tae be made aifter the war, and the folks were nae gan tae let the grass grow under their feet. Edith had a sister Sally, who felt very sorry for her, and she thought that it wid be a guid idea for Edith tae come awa intae the country with her and her man, and their bairnies. So Edith did tak her sister's advice, and gaed awa with them intae the country. At least this wid gae her some kind of consolation, and a respite frae her bereavement.

The folks camped at the Great Walee near Aboyne. It wis a very deep and dangerous bog. It wis a great muckle walee and it wis aa fenced aff in case sheep and cattle wid sink intae it and droon; and there wis aye a gray mist louping ower it, and a strange spicy savour lingered roon aboot it. Yet this wis a guid camping ground for the Travellers. Edith got her camp pitched up at the end of the line of camps; there wis aboot a dozen camps aa the gither. She felt guid tae be intae the fresh air, and the music of the folks made her forget things for a wee while.

Ontae the second evening there, Edith deeked a

few younger Traveller dillies gan ower tae whar auld Marinina wis sitting, tae get their fortunes read. Marinina wis sitting at a big fire at the ither end of the encampment, awa frae where Edith's camp wis. Edith wint ower tae see whit great fortunes the lassies were getting telt. Och, the auld woman wis telling the young eens aa aboot lads, and ither rubbish that were making them laugh and giggle, and gan aa very gleekit. Whin Edith came in aboot, the lassies made room for her tae sit, and join in the fun. Noo auld Marinina thought that it wid be guid tae say some fine things tae cheer her up.

"Come on in aboot, and see whit the cairds hae in store for ye," says she.

Edith kind of chuckled, and she picked three and ten cairds. Strangely enough, there wis a eerie feeling wint ower the bit whar the womenfolks were. Jist as Edith picked her cairds, a beautiful magpie with a bonnie swirling tail, came doon and it rested fair in front of the women. Noo, magpies are very shy birds tae humans, but this yin jist sat fair beside them. Edith, like aa ither Travellers, believed this tae be a bad omen.

"O, evil omen, whit is it that ye will bring me? Hiv I nae had bad enough news withoot ye bringing me mair?"

Auld Marinina says,

"Yin for sorrow, and who ever it flies ower is the yin who the message is intended for."

The magpie flew right ower Edith's heid. Edith felt a cauld shiver as it flew ower her. Then she kent that the magpie is the messenger of gloom and doom, but she shrugged hersel and picked the next five cairds. Every one of her cairds wis black – and that wis a bad omen. Wid ye believe it? Next tae come doon and plant itsel upon the same bit wis a blackie. It wis a bonnie blackie, but it stopped and deeked fair intae the faces of the lassies. The auld woman tried tae say that it wis something that they were wearing that wis attracting the birds, but Edith felt a strange sense of foreboding.

The blackie wis a forerunner of evil, and surely something evil wis gan tae tak place. Then Edith picked up her three happy-wish cairds, but the cairds were the jack of spades, the nine of spades, and finally the ace of spades. At the same frightening time, doon came a black hoodie craw and it rested upon the same bit as the ither twa had deen afore.

"O, whit does that evil omens mean, Marinina?" cries oot Edith.

Then jist with that, the black ace of spades draps oot of the auld woman's fammels and faas intae the fire and burns up.

Edith's moy drapped as weel, and she could deek the look of worry ontae auld Marinina's face as the auld woman wis trying tae laugh, and speak it aff as a joke.

"It's nae as bad as ye think," says the auld woman.

Edith kent in hersel that it wis a bad omen, and that aa of her cairds were black. She too kent the wye of the cairds, and she came tae the same conclusion that Marinina secretly kept intae her heart.

"Oh, I'm glad that it's nae me who picked up the unlucky cairds," said big-moothed Jean.

"Why, whit dae ye think is gan tae happen?" asked Edith.

"Weel, ye see aa yer cairds were unlucky, and the

evil birds of death cam doon tae ye, tae warn ye that ye better watch yersel in the next couple of days, or ye might jist get croaked," says big-moothed Jean.

Auld Marinina gets intae an awfy rage and she shouts tae the lassies,

"Ye better be aa gan tae yer kips and stop manging jeer tae Edith, and trying tae trash her for nae reason at aa!"

The lassies aa gang awa, and Marinina also gangs awa tae her bed, leaving Edith with her strange thoughts. Somehow the night had a fearsome ring tae it; the great walee seemed tae hae a weird aura aff it and ower everything there wis an eerie glow. Edith wint intae her bed and as she wis feart, she teen een of her nieces tae bed with her for company. But nae rest or slum could she find. Her mind wis boggling ower and ower, and she wis very nervous, and she footered and preened aboot for ages. The wee quinie at her side wis sound asleep, and nearly aa of the folks were bedded up. Everything turned sae calm and still, and she could hear some of the nocturnal creatures making their ain noises. There wis a pipe in her box, but she hidnae steamed for sic a lang time, and she filled it up, and then teen een or twa draws oot of it, but she foond it sickly. Then she decided tae mak hersel a cup of slab tae calm her nerves; there wis a glowing ember of a fire, but the moment that she touched it, it aa fell in and left a shadow like a white coffin ontae the fire ashes. That wis enough for her. Next, she thought that she wid gan doon tae the spring, and fetch some water for the next morning, cos she felt like a wee walk.

The spring well wis only aboot a hundred yards doon the auld road. As she trodged doon past the side of the walee, she felt as if there were een watching her. She got doon tae the well, and pit her big joog under it; the water wis ice cauld, and it wis the finest monteclara that ever ye could get. Still she could hear the foliage under her tramplers crumble, but, she wisnae walking – so why was it making a noise?

Jist as she turned back tae the camp, a very cauld shiver wint through her spine, as if someone had bin walking ower her grave... Her hands started tae shake and she felt she wis gan tae let the water faa. Then, through the mist of the wallee she could mak oot a tall gangling figure of a man, and she felt deid trash. Pitting her back against a tree she remained deid quiet, cos she thought that this man wis the angel of death, and that the cairds and the black omens of death were upon her. The sweat flew off her. The figure came closer and closer. Edith wis at her wit's end, but she couldnae gulder for help: her voice jist stuck. Then closer and closer through the mists of the walee, came the figure. She could deek the tall man come sae close, but she couldnae mak oot a face. The hands of the fearsome man came closer, and noo they were only a few inches frae her neck.

The fortune wis coming true; she wis gan tae be strangled and murdered by a stranger: ye cannae cheat death. She then prepared hersel for the worst...

Then, jist as the hands wint tae her throat, a voice hauntingly shouts,

"Ma, Ma, is that ye I am beside?..."

Edith froze. Wis this the ghost of her ain deid

laddie? The hands rested lovingly upon her shooders, and a great big smacker wis placed upon her mooth...

It wisnae a ghost, nor spirit, but her ain Johnnie that had come home frae the wars – he wisnae killed! It wis aa a mistake – it had bin some ither woman's laddie that had bin killed, but Johnnie had bin preserved –

Whit a frightening, wonderful moment! Her ain laddie had come back frae the dead. Aifter a marvellous reunion with his mither, Johnnie telt aa the folks the whole story: he telt them that it wis a dear freen of his that had bin killed intae the trenches, and nae him. He had wint awa nae mair than a laddie, and he noo had come back as a man, and he had grown a couple of inches.

Marinina telt the omens, and whit they meant. Her cairds read that a tall dark man, who wis thought tae be dead, wid come back tae the living; and that the ace of spades that burned intae the fire showed that he really had escaped death. Big-moothed Jean wis astounded!

The whole camp wis awakened. Everybody who wis related tae him rejoiced alang with his mither, aabody wis sae happy, that they aa pit on their claes, and had a party of song and music. Never wis there sic a deid sealings-o-the night ceilidh heard of afore, but the whole walee rejoiced in glory! The hantel aa celebrated with the laddie's nesmore, who wis completely overjoyed. Even folks frae the fairms came doon tae see why aa of the hantel were ceilidhing.

It wis a great occasion for the Travellers and it wis

aye manged aboot afterwards, as the time whin there wis a great through-the-night ceilidh for Johnnie and his mither at the great walee of Aboyne.

GRANNY'S WIRELESS

" Whinever ye opened the door, a smell of Devon violets hit ye fair ontae the face, and there wis also an under smell of mochyness. Granny Willow wis a spotless auld manishee, but the hoose whar she bade intae wis an auld yin, and the smell wis with the damp intae the walls. Her hoose wis intae East North Street, and she had nae electric intae it, but it wis aa gas. The war wis newly over, and Granny had a guid wye of daeing, and didnae want for the price of her supper, for she aye had a few pennies aboot. Her furniture wis auld, but bonnie pit up, and she aye polished it weel; ye couldnae fault her for the presentation of her keir, but jist that sour savour wis aye prevalent. For an auld woman, she lived comfortably and she had a great passion for knitting – her favourite pastime wis tae knit and listen tae her battery wireless. She wis a contented cratur.

Granny Willow hid a grandson named Russel, and he wis the apple of her een. He bade with his mither and auld gadgie jist aside Bucksburn, aboot half a mile awa frae the tramlines at the Scatterburn. Russel wis a guid-natured laddie and he fair adored his granny; there wisnae a day passed that he wint in by tae deek that she wis aright. Russel wis a nineteen year auld lad with very dark curly hair and jet black een, his eyelashes were aboot an inch lang, and he wis slim pit up. Being a Traveller laddie, he kent the wyes of his ain people and how tae mak his living frae the country hantel. There were times whin he wid tak a lazy gee and he widnae gang oot tae the hooses, but whin necessity cawed him tae work, then he could graft weel enough.

The auld woman knitted him aa kinds of bonnie ganzies, and there wisnae a month pass by, but

Granny had made him some thing: he had the finest collection of jerseys that ye ever did see. Russel wis a handsome fella and he liked tae deek his best, and aye managed tae get a few girls rinning aifter him. Granny Willow aye deeked for him coming doon. He wis sometimes ill-tricked and wid say things like,

"Yer looking awfy sexy taenight," and Granny wid jist laugh at him.

"You maun be looking for a gadgie," he wid say as weel, and this aye cheered her up. Whin he came into the hoose she wid slip her nafkins by, and immediately pit on the kettle.

She aye managed tae have fine paris-buns or sair-heidies intae her cake box, and wid give him a nice tea or dinner. They were an ideal relationship as granny and grandson.

Her hoose wis only but een room, but it wis a spacious yin. She had a big recess intae the wall, whar she kept her bed, and she deen her cooking ontae an auld range at her fireside. The auld woman kent whar everything wis, and she kept her hoose neat and tidy.

Every Monday night she and Russel wid listen tae the wireless tae a ghostie-story programme. Sometimes he wid tak her in some granny-sookers or jube jubes, so that she wid have something fine tae taste her mooth, as they listened tae their favourite programme. He aye made sure that he had the battery in guid order; he used tae get it charged every week frae a mannie in Park Street; it wis the auld-type acid batteries that the wireless used. Mind ye, she aye slipped him a hogstick, or a florin for the price of his pictures.

Aifter they had listened tae the ghostie-story, Russel wid ask her tae tell some of her ain adventure stories, cos he liked them best of aa. She wis a great story-teller and she could hold him fair spell-bound with her tales; mony's the fine evening they spent in stories. Aifter that, he wid fiddle aboot with the wireless tae try and get aa kinds of foreign stations. It used tae annoy Granny whin he played aboot with the wireless, cos he wid make the thing squeal oot of it with aa they high-pitched frequencies. Yes, they were happy days for Russel and Granny.

Happy days don't last forever, and Granny died. She wis a gey auld manishee and she had a guid innings. Russel wis provided with twa hundred pound and, as Granny had paid a year in advance with the rent on her hoose, Russel got tae keep biding in it, and the landlord said that if he wanted tae keep it up, then he wid let him dae jist that. Russel wis fair tickled with the hoose. It wis weel intae the centre of the toon, and that wis fine and near the pictures, bars, and aa the places of entertainment. Everything wis right at hand for him.

He bought a fine wee Morris car, and paper and paint tae decorate the room. He deen awa with maist of the auld woman's stuff, and bought twa or three new pieces, but he kept the auld woman's chair. He made a guid job of the place and managed tae pit a fresh smell intae the room; only a small trace of the Devon violets that came aff of the auld woman's chair, wis still there, but the mochy savour seemed tae be awa. He kept the battery wireless, and still listened tae the ghostie programme on a Monday night; he missed the auld Granny, but he wis glad that she had provided him with a guid start.

One night, jist aifter he had listened tae his favourite programme, he turned the knobs of the wireless tae listen in tae some of the foreign channels, whin suddenly he tuned ontae a station whar an auld woman wis manging; and she sounded the double of Granny. She wis telling a tale aboot how a man wis gang tae win 'money on a horse cawed Submin, and that if he betted some lowdy upon it, then it wid win. In the morning, Russel read the paper tae see if there wis a horse cawed that name; he deeked through the whole paper, and lo and behold, he found a horse rinning cawed Nimbus, which wis Submin backwards. He wint tae the bookie and pit on half a croon for a laugh. Weel, it cam up at twenty tae one. Russel wis ower the moon!

He tried tae tune intae that station again whar he heard the auld woman like his granny speaking, but he couldnae find it for love nor money. Strangely enough, he could only pick up this wireless channel on a Monday night aifter the ghostie-story.

Every Monday he fichered aboot with the knobs, until he tuned intae the auld woman talking. Each week she seemed tae be telling a story, but it aye had some kind of message intae it that wis appropriate for him. Een time, the wifie said nae tae gang near the Ythan, though Russel couldnae make any sense oot of it. (He never thought upon the name of the pub that he used tae frequent, it wis cawed the Ythan). Weel, he wint oot tae that bar een night, and there broke oot an awfy barnie, there wis a free for aa and Russel got a bonnie sair chap ontae the mooth. Sometimes the wifie wid give him guid advice, and if he followed it, he seemed tae get on weel. For instance, if she said in her story tae gang tae a certain place whar he wid get a fine puckle of guid belangings, he wid gang there, and sure as death he wid get the stuff. For aboot sax months he tuned intae the channel, and he aye got some kind of message within the auld culloch's story. He didnae believe that his Granny wis inside the wireless, he jist thought that he wis aye tuning intae a programme with an auld Scots manishee speaking. He liked the stories, cos they brought him memories of his Granny Willow.

Then aye night, things wint wrang for him. The gas went oot, and he didnae have a penny for the meter. It wis a Monday night and he had jist listened intae the wifie talking; she spoke aboot nae gang oot the hoose withoot making sure that every thing wis alright. He wis a responsible fella, and he did tak care of his hoose, but this night he had tae light up some candles tae see whit he wis daeing, as the light frae the fire wisnae bright enough. For the want of a penny he couldnae pit on the gas mantle. Russel went oot for tae hae a pint and get some single pennies; and whin he wis oot, he met in with a few of his boozie cronies and forgot aa aboot the time.

While he wis awa, he had left a windae open for tae let in fresh air, but he had forgot tae blow oot the candles. Weel, a wild gust of wind cam howling through the windae, and it knocked ower a candle that wis on a sideboard nearby, and whin that fell doon, it caught ontae the curtains, and in nae time there wis a fire intae the hoose. The neighbours, that smelled the burning, cawed in the fire brigade, wha came, broke the window and flooded the whole hoose with waater. Everything wis drenched. The auld wireless wis pit intae penny pieces with the power of their hoses.

The noise of the fire engines made Russel come oot of the nearby pub, and tak a walk tae see what the maitter wis. He wis devastated by the issue. The fire brigade were gang tae charge him for negligence; he got an awfy reprimand frae the inspector, who telt him that he should be mair responsible whin leaving the hoose, and especially for nae blawing oot the candles. Aa of his stuff wis ruined: it wid tak him a lang time tae clean everything up. Only his bed inside the recess didnae get soaked, cos there wis a thick curtain protecting it, so at least he had a kip tae lie upon. It took him a guid wee while tae fix it up again tae his liking. But maist of aa he wis awfy sorry tae lose his Granny's wireless.

Russel bought anither mair modern radio, cos his Granny's een wis like a Marconi Special, and it tae wis an acid battery yin, but he never, ever got the auld woman teeling her tales on ony of the channels. This wireless had mair channels, but it didnae mean the same tae Russel.

Aifter a couple of years biding intae that hoose, he got electric   pit in, and that wis far cleaner than the gas. This time he got a hogstick-shilling meter for his elecricity, and then a radio that ran on electric D.C. mains, and he never used ony mair candles again. Mony years later, Russel got married tae a bonnie quine cawed Alana. They lived intae that room for a couple of years, and then the Toon gave them a hoose in Froghall. The last Monday night that they bade there, Russel tried aa the channels of his wireless, for tae see if he wid catch onything exciting, and aa of a sudden he caught the auld woman telling a story: she said at the end,

"I hope, Russel, ye will be as happy intae yer new hoose, as ye were intae my yin!"

Then Russel kent that it wis his Granny's voice that he had heard aa of those times whin he listened intae his Granny's wireless."

Weel, ye could hear a pin drap while I wis telling the stories; only a few little utterances, or a funny re-mark frae Decky wid interfere   with the flow of the tales, but usually he deen his speaking atween the tales.

Somehow I aye hid the power tae hud folks atten-tion wi mi stories, and at least it took the folks mind aff of wee scabby whitings. Ye kent ye couldnae get awa until they were aa finished or iced by for the morning. Indeed we hid tae ice by aboot ten of these boxes that night, though the very thought of starting ontae them again sickened ye. It bade intae yer mind and ye wint tae yer bed wi naething but the wee whitings on yer mind.

Chapter 6

CROAKING
THURSDAY

The mairket wis chock-a-block and the fish-hoose wis covered frae top tae bottom with every variety of fish ye could think on. There were ling, cod, tusk, colley, haddocks, whitings, soles and even saith. O whit an awfy day! I wis rinning aboot like a mad thing – loading tables, spitting haddocks, freshening pingers, haimmering boxes, tying ten-steen boxes and daeing a hundred jobs at eence...

The boss asked us tae work overtime and tae bide until ten-o-clock. He said that he wid gae us a little something extra if we wid be his hearties and nae let him doon. He kent he hid a loyal staff and aabody grafted, but I seemed tae be daeing an awfy lot of aathing. I wis jist croaked with work...

Chaos ruled the morning and folks tempers were frayed and some were screaming like banshees and ithers threatening tae hit een anither. Some people were pitting in their notices – it wis jist a shambles, cos we were aa battling against time. Aifterneen brought nae respite and it wis terrible.

Ye didnae get a minute tae catch yer breath. It wis a case of getting the orders oot and awa. Supper time hid tae be kept back tae six-o-clock and that wis an hoor langer than normal. At lang last, whin the lassie came back with oor chipper suppers we were sae famished that we wolfed them doon – it wis like a puckle of werewolves snarling and growling – not a wrang word could be said or somebody wid hae gotten battered.!

Then it wis back tae the graft again. There wis some rough stuff tae fillet and pickle, but as they were big fish we got through them quite fast. Some-how, we caught up with the backlog of fish and the pickles and the standards were full. As there hid nae bin time tae dae the wee whitings the day afore, it wis noo time tae catch up with them. There wis only ten boxes of these whitings tae fillet and skin, and tae brak the monotony of the job I telt anither story.

Ruthie mentioned that she wished that she wis very rich and how she wid boss aabody aboot – she widnae tak lip frae naebody. She made me think on *journey home* so I telt her the story of it.

THE JOURNEY HAME

Gan doon tae Edinburgh tae visit his auld auntie Kirsty hid bin a highlight intae the year for most of Mackay's life and he never missed a turn in gan tae see her. Kirsty wis his favourite auntie and Mackay remembered weel whin his ain mither died how Kirsty hid teen him and his sister in and her kindness to them. She didnae gie her ain laddie, Johnnie, ony mair than Mackay, for it wis never intae Kirsty's nature tae mak flesh oot of een and fowl of the ither. There were nae muckle o her kind gan aboot. So noo, even though Mackay hid a fine wife and twa strapping wee loons of his ain, he never forgot tae gang and visit auld auntie Kirsty.

World War two hid jist ended and very sadly, Kirsty hid lost her Johnnie intae France at the start of the war. Mackay aye tried tae mak room intae his heart for him, tae understand and fill the aching gap intae the auld woman's heart. Mackay wis awa for a while intae the war as weel but noo it wis over he hid settled back tae his ain wyes.

Mackay wis a Traveller chiel. Kirsty hid brought him up intae the wyes of the Travellers so therefore he could look for his living. He hid a fine hoose in Ballater but he liked tae camp oot each simmer. Jean, his wife, wis also a Traveller and she liked the road as weel. Nae matter fu hard up they were, Mackay aye made his wye doon tae Edinburgh tae gie a wee present tae his auntie, for he jist regarded her as his nesmore. So, a few days before Christmas he wid gang doon, but he aye came hame tae spend the Christmas wi his wife and kenchins.

This year, in 1946, auld Kirsty hid bought him a first class ticket back tae Aiberdeen ontae the train as a surprise tae him. She hid got a bittie money left tae her and she spent a puckle of lowdy on presents tae his wee wains and this wis jist a special token of love for him.

Mackay wis ower the moon, cos he hid never bin first class on a train and whit a joy it wis gan tae be for him. He hid managed tae hitch doon aa the wye tae Edinburgh and noo he wis gan back like a toff. He fair tickled himsel with the thought. His ticket wis only tae Aberdeen, and as it wid be late in getting back there he wid bide a night wi a relative intae the city and gan hame tae Ballater the next morning.

Kirsty made him his pieces for tae taste his mooth on the lang journey hame, and he wis fair excited as he stepped ontae the carriage of the train. A first class passenger he wis gan tae be for the first time intae his life, and he felt an air of independence! The feeling wis guid but it wis tae be short lived. For ye see, whin he entered his designated compartment there wis a bean rannie pottach wi a saft tweed hat already sitting coochted. The man's appearance wis a bit formidable and his yaks were screwed intae his face as he gaed Mackay a deek that nearly made Mackay squirm. Intae a gruff voice he shouted tae Mackay,

"This is the first class part of the train, young man. Are you lost?"

Mackay near fell awa wi this gruff tone of voice.

"Yes, I know sir. But I do have a first class ticket," replied Mackay nicely.

"Well, sit down and stop causing a fuss!"

Mackay wis kind of scunnered already. This rannie gadgie wis gieing Mackay an inferiority complex and they were the only twa intae the compartment. The carriage smelt crisp and clean and there were bonnie wee heid rests ontae the seats. On the waa there wis an awfy bonnie picture of a Scottish loch. Mackay says,

"Whit a bonnie picture of Loch Ness."

The man looked at him with a gruff look. "It is most obvious that you don't know Scotland like I do – it is Loch Katrine."

"I beg to differ, sir, but it is Loch Ness."

"Do not argue with me, young man. I know. I go fishing at that spot every year. You see that little house near the shore – it is one I know very well."

Mackay wis annoyed. Fine weel did he also ken the beauty spot, cos he hawked aa the canes in the area. But whit wis the use of arguing with a gadgie wha wis a toff, and obviously a pure 'ken everything' een. He wis the type of pottach wha widnae gie ye a chance nor the time of day.

Then the toff gadgie asked, "What is your name, young man?"

Mackay felt that he wis being spoken doon tae. He manged back, "Mi name is Mackay Johnstone Robinson and I am twenty five years old and I work roon aboot Ballater, sir." Mackay kind of swallowed his spittle with a nervous twinge.

"That is rather a grand name, my lad – I trust you live up to it. I knew some Robinsons from Callandar; they were in the hotel business. Splendid chap! He was a very keen angler. Owned a good hotel and had fine hill-shooting as well."

"Weel, they are nae related tae me, cos mi folks didnae hae naething sae grand as that," replied Mackay.

"What do your people do?"

"My folks are Travellers."

"Travellers? Do you mean tinklers?"

Mackay wis becoming annoyed wi this proud, ill-mannered gadgie. "Weel, if ye say so then I suppose they are, but we call weresels Travellers."

"I suppose, if you insist, we shall address them as Travellers. There are many thieves amongst them, you know."

Mackay wis livid: "I pray tae differ. I dinnae ken ony thieves amongst them. Wi are nae sae peer that wi hae tae chore frae folks."

"I had better tell you then that last Summer, while I was walking along a fishing stretch of my river with two of my best ghillies, I spotted a man and woman with two awful ragged children. I was most annoyed, for they were quite obviously trespassing on my land. The man said he was just taking a short cut, but I wouldn't have that, he was quite plainly lying. I gave him a good thrashing with my stick, but he became violent. We soon settled that dirty fool however! A good few punches to the kidneys soon fixed the matter. The woman and the awful brats were screaming and bawling, though for the life of me I can't think what their fuss was for, they knew perfectly well they were poaching. One has the right to guard one's property you know."

Mackay replied, "There wisnae need tae batter the man, wha wis probably only taking a short cut tae his hame. Ye could hae jist gaed him a guid reprimand or even threatened him, withoot actually hurting him."

"Not at all! You must learn that one has to be seen to be boss over one's very own. Just as when I sit at the Bench, I measure out Justice, in order that nobody could possibly say that they did not get pure justice from me. For let it never be said that I, the right Honourable Clive Winpepper-Danestone, ever gave mistaken justice!"

Whit a right moothfae of a name that wis – and whit a pure blaw-bag! He widnae even gie ye the right time of day.

"Surely, ye mak mistakes as weel," said Mackay in a low voice. The gadgie shooted oot:

"Me! Make errors? Never!"

"Weel, whit aboot the man ye gaed a hiding tae. Did ye gie him a chance tae explain himsel? I personally dinnae think ye behaved like a Christian and show ony mercy tae a fella being – fa wis mair in need o yer charity. Maistly aa of the toff landed-gentry that I hae met up wi, aye hid the noblesse oblige." Mackay wis noo getting a wee bit heated up.

"What on earth can you possibly know about the noblesse oblige? You would hardly understand that being a real aristocrat, and having been brought up in the correct ways, we have to keep everyone in their proper and respective places. How dare you talk to me about charity! I would have you know that I am an Elder in the Church of Scotland and know the scriptures perfectly. Many a time I do the reading in Church. My younger brother is the minister."

"Weel, weel," thought Mackay tae himsel, "Pity help peer folks if yer brither is onything like ye."

"Anyhow," continued the toff gadgie, "what I do is none of your business. I wish to run things ship-shape and with perfect order. I cannot abide anyone or thing that has flaws."

"Weel, it's easy tae be perfect if things are in yer favour, but there are a lot of people in peer circumstances. I hae nae capital tae back me up, and I hae tae live by mi ain cunning."

"Then what in the devil's name are you doing in a first-class carriage?" Mackay felt stupid. He didnae hae the learning or faculty for tae argie wi this gadgie, wha wis making a pure pannie oot of him. The toff wint on, "But I know why you are on this carriage. It is because you want to try and rise above your station. However, you will never be comfortable in this section of the train because you are not of first-class stock. I belong to that class but I am afraid, my man, you should be in the third-class carriage along with those of your own kind."

Mackay shouted angrily: "I hae jist come back frae the war whar I deen my bit for King and Country. I hae the same right as ye tae sit intae a first-class carriage. Onywye, it wis a present frae an auntie. She wanted mi tae hae the best, so she bought mi this first-class ticket hame."

"I do not know why you think that because you have done your little bit in the war that that should give you precedent to be here. After all, I was an officer in the army staff and did my bit also."

"But whit makes ye think that ye're superior ower me onywye? I cannae see for the life of mi whit makes ye sae wonderful."

"I am afraid it's in the breeding, my man. It's all in the breeding. It has a lot to do with the genetics – if you get my meaning?"

"I dinnae ken whit ye are speaking aboot. All I ken is that I think masel every bit as guid as ye."

"Then why are ye getting so hot under the collar? A real gentleman controls himself and wins by good debate and reserve."

"I am afraid that I dinnae hae ony such graces, but I like tae hae mi say."

"Then, by your very own words you condemn yourself, you see. You have just stated that you do not possess any such manners or etiquette."

Mackay wis seething inside and he felt like gieing this irritating gadgie a guid booter in the bollocks. Yet he controlled himsel, though it wis like hudding back a hare wanting tae sprint. Mackay kent nae maitter whit he manged this gadgie wis gan tae win wi his fancy words. So Mackay tried tae keep the peace by taking oot his pieces tae eat. He teen oot a sandwich that wis aa crumpled up and a bit scabbie-looking.

"I, too, am feeling slightly peckish," says this gadgie.

He then took out a beautiful box and whin he opened it up there wis the bonniest bit of chicken wi wee white cappies roon aboot the legs and fancie bits and pieces. There wis a bottle of the finest white wine and it wis all set oot sae nicely. Mackay wis fair watering at the mooth and the fine smell wis gan roon aboot his heart. This gadgie picked up his habin sae daintily and he ate with an air of arrogance and poured oot his wine and had a fair tuck-in. It made Mackay feel like a pure buck, but he ate his hard loaf dattachs and he kent they were made with love. They tasted a bittie nuchie kind, but a least it filled a hole. The bean pottach deeked sae toffy. Right enough, they did bide in twa separate worlds.

Aifter they hid eaten the gadgie starts tae mang again and nae maitter whit peer Mackay said, it wis shot doon. It wis a lang journey. Mackay started tae close his yaks cos the gadgie wis gieing him a dose of the blooter. Mackay slummmed for aboot an oor. Whin he awoke the toff gadgie wis in a slum. "Thank goodness," Mackay thought tae himself. "Whit a pure ogle of a gadgie." Then there wis quietness on the train for a wee while.

Aboot Montrose the gadgie wis sighing heavily and sort of making growling sounds, then he sat back very quiet... Mackay jist thought he wis in a dream. Near Stonehaven Mackay deeked that the pottach's maun hid turned very ashen. He slept silently, nae making any funny noises. It wis deadly quiet. The toff gadgie deeked cauld and pale... Yes, he wis cauld as clay – he wis stone deid! A strange feeling came across Mackay. He thought tae himsel, 'I winnae say onything tae the authorities cos I might get blamed for croaking the gadgie, but he has died of natural causes during the journey. Death is nae respecter of folks. Nae maitter wha ye are, whin yer time comes it taks ye awa. I wonder if Death has first and second-class passengers. The scriptures came intae his mind and he thought of the man wha said tae eat and drink and be merry and aa the plans that he wis gan tae mak for the future, whin the Lord says tae him, "Peer fella, yer sowl is required of ye tonight."

Weel, the train stopped at Aiberdeen and Mackay walked aff the train leaving the bean gadgie sitting in the carriage white as clay. Mackay felt sad for him. He wis sae full of himsel, yet he wis teen awa that very night. Weel I suppose everybody his tae die and it wis the mannie's time. He hid a guid life and he wis nae that auld, Mackay thought he hid bin in his sixties.

It wis a rainy night as he wint tae his freen's hoose intae the toon. As he deeked oot the windae that night he thought upon his wife and wee kenchins waiting for him and how happy they would be at his return hame for Christmas. He also thought upon the rich gadgie and whit kind of a reception wid he cause whin he wis teen hame – he hid judged many a person and noo it wis his time tae receive the justice. Travellers believe if ye die on a bad night that ye are getting a stormy passage hame. Wis this gan tae be the case for the very arrogant pottach? Whar aboot he wis gan, his name widnae hud ony prefer- ence – at least, the Right Honourable Clive Winpep- per-Danestone might mak a stir – but I dinnae think so.

Wi are aa here for sic a short while, so it's better tae be kind tae yer fella man and leave this world a richer place for it.

By nine o-clock the place wis looking quite empty. The last of the wee whitings wint ontae the table and the pickles were reeming fu, so I wint ower tae help a new lassie tae get them deen faster. Only three filleters were left tae finish aff the last of the fishes, and the rest of the staff went on handing-up to the kilns whar there were noo thousands of sticks of fish.

Cutlets, broon, smoked blocks and finnans... aa needed tae be hung up in the kilns for smoking aa night. Aabody noo wis working tae get the place cleaned up for finishing. The kilns wid tak ower an hoor tae hang; Decky wis intae the kilns, wi anither laddie cawed Johnnie, and baith were straddling the kilns, while three quines were handing them up tae them.

I worked awa on the pickles wi the new lassie wha wis cawed Davidina. She wis a sixteen year auld lassie wi red hair. I kent she wis a Traveller and as there wis only the twa of us on the pickle, we were able tae mang tae een anither and speak cant.

This lassie wis also a freen of mine gang back a bit, and cos I thought her name a bit unusual she telt me that she wis cawed aifter a relative. Then, during oor conversation she started tae tell me the story of this relative Ina.

I found the story quite guid, cos the lassie wis a guid story-teller wha belanged tae an auld Traveller faimily. Davidina telt the story in a quiet voice, so as nae tae let the ithers hear her manging cos she wis a bittie shy and new tae the place.

INA

"These twa mid-wives were fechting with een anither minutes aifter the wee lassie wis born.

Rebecca wanted the bairn cawed aifter her but Lully widnae hear of it, and they were screaming at een anither like banshees and arguing the toss. Peer Lizzie didnae ken whit world she wis in: she had jist been delivered of her confinement and the baby that she had brought intae the world wis a wee quinie.

Amid this argie-bargie aboot who wis gang tae get the namesake, Lizzie shouted at the twa manishees tae be quiet – for tae give her time tae think. It dinnae matter which een got tae be the namesake, there wis gang tae be fechting. Lizzie shooted,

"I am nae gan tae caw the bairn aifter ony of the twa of ye – I'm gan tae caw mi wee lassie aifter the very first person tae come intae the hoose!"

There wis silence as the twa mid-wives deeked at een anither. Then the first person tae come in, wis Auld Davie, the *Man o Steel,* and how the twa wifies laughed! Here wis a man come intae the house, so how wis she gan tae call her wee lassie, Davie?

Lizzie said,

"I am gan tae call mi wee lassie *Davidina*, aifter the Man o Steel."

This wis wee Ina's introduction tae the world and her freens.

Yes, Ina wis born intae a faimily of Travellers, who had a wealth of songs and stories and nae muckle money, but at least she wis loved by her mither and faither. There wisnae really time for Ina tae gang through the baba stage, she kent at an early age hoo tae be a wee wifie. Ye see, her mither had sae many bairnies sae quick, that Ina had tae help with her wee brithers and sisters, who needed attention aa the time. Sometimes Lizzie wisnae well and couldn't always cope, so wee Ina taen over, as it wis a case of survival of the fittest and Ina wis a survivor frae the beginning.

Whin she wis five years of age, Ina had the head of an auld culloch; there wis a time eence whin her faither Wullie wis gang oot tae camp at the Craggie

Brae, near Haddo House, and he had a big white stallion, cawed Major – it wis a great work horse and very powerful.

He had jist taken the horse and cairt oot the road a bit, whin he decided tae stop at the Brig o Don peever. Wee Ina wis with him – Lizzie and the others were already oot at the Craggie Brae alang with ither Travellers – Wullie left the horse tied up at the side of the road with wee Ina ontae the float. Weel, he didnae jist stop at a pint, he had a good skelp of a peeve. Aboot an hour later he came oot of the peever and climbed up upon the float. He cracked the whip tae Major, who wis a horse that dinnae need nae encouragement tae bolt. The big powerful beast took aff like the living wind, with sic muckle force that Wullie wis knocked right back ontae the cairt and the reins fell doon. Noo wee Ina grabbed for the fallen reins and hud ontae them like grim death; there wis nae time tae be afraid – she jist had tae hud the reins of this bolting horse.

Weel, the horse travelled sae fast, right oot the Ellon Road and awa by Johnnie Norrie's quarry; it dinnae stop until it came tae whar aa the Travellers were camped at the Craggie Brae.

This wis a brave, heroic deed by the wee lassie, but jist anither normal happening as far as the Travellers were concerned.

Ina never got it easy.

She had tae pit up with a wicked teacher at Causewayend School. This teacher used tae caw her awfy bad names in front of the ither bairns, but Ina hud her wheest; secretly there wis a lioness burning within her, ready tae pounce. Een day this teacher, who wis a dwarfie droichling, aboot four feet six, started tae punch the wee lassie with a hard pointer, cos she couldnae do a sum. Ina couldnae tak a midget hitting her any langer, she punched her full force and she ran awa hame tae tell her faither – who had tae eventually gang tae the school and fecht with the headmaster ower the bairn getting sae bad-used by this droichling.

Aifter school, Ina had tae sell claes tae help her mither. There wis nae money in the house, so she had tae find ways of getting coppers. She dinnae get a great life intae the toon, but her respite came whin she wint awa tae the country, whar she felt at een with nature, and I suppose the wealth of the oral tradition in story and song helped her keep some kind of sweetness within her. Yet, at the same time, a wildness rampaged through her soul.

Being a wee wifie, made Ina lose oot in her young years, for there wisnae time tae be simply a young lassie. It wis aye a case of being responsible aa the time. Her years were passing quickly and she grew tall and strang. She wis wiry, and she could fecht like a fella – she wis up tae every trick and she wis very fly.

At the age of thirteen, she taen a job in a big hoose in King Street for three shillings a week. It wis a stupid old manishee that owned the hoose, and this old culloch on a day of snow wanted Ina tae scrub six steps jist ootside of the kane. Ina had been working for aboot an hour and the cold sweat lashing aff of her. Weel, her faither Wullie came by and saw Ina cleaning this steps in the snow and he shouted tae her,

"Dinnae be dumpish! We are nae sae peer-aff that ye hae tae clean some silly old culloch's stairs in the snaw – wid ye gang awa hame!"

Ina stopped cleaning, but the old culloch came oot screaming like an ogre, so Ina lifted the bucket and splooshed her with it! That wis the end of her barmy service jobs.

She then got a job in a fish-hoose. It wis a killer job, but Ina learned tae fillet very quick, and then wint tae a place whar she earned nineteen shillings. She wis a good worker. In the summer she'd travel with her ain folks, but in the winter she worked at the fish. The fish-trade wis a rough job, but Ina could look aifter hersel; she wisnae a soft mark and dinnae tak anybody's lip. She could fecht for hersel and she proved it many a time in the fish-hooses.

The scabby fish nearly killed her cos she developed the Loochy Jaundice: it wis a very dangerous disease. At first they thought she had the 'flu, but later she had tae be rushed tae the City Hospital, and it taen her a lang time tae get better. As she had great determination she recovered. But she wis nae sooner better than she had tae gang back tae work again, cos her mither needed lowdy for the wee yins. Peer Ina never got a chance tae dae the things that she wanted, for it wis always a case of looking oot for the younger members of the faimily. She had a great love for her wee brithers and sisters so she sacrificed much for them.

The second world war broke oot, and Ina joined up intae the ATS. She wis eighteen years old. Her faither, Wullie, also joined up himsel, being a veteran of the First World War and having seen active service in the trench warfare in the front lines; and her younger brither, Joseph, wint intae the Gordon Highlanders, whar he wis a boy piper.

Ina excelled in physical combat; for a while she wis intae that sort of work and her officer-in-charge aye picked her tae lead the ither lassies intae jumping, scaling ladders and daein that kind of thing. Then she wis a wee whilie stationed in Aiberdeen, whar she wis a cook in the Tillydrone huts. This wis a grand opportunity, for she could sneak home spare rations tae her mither, who needed it badly. The sergeant in charge of the cook-hoose liked her, he wid give her spare rations as weel, but een day the officer-in-charge caught her, and Ina wis taken in tae see the lady-commandant. Whin she telt the officer that she had taen it tae give tae her mither, who had a garoosk of wee eens, the officer taen pity on her and never said ony mair aboot the incident.

Later, Ina wis transferred up tae the Cameron Barracks in Inverness, and she worked in the cook-hoose again. It wis while she wis there that she saw the famous ghost of the barracks. It happened tae be that she and three ither lassies were at the ablutions and she wis the last een oot. As she cam oot, she heard the ither lassies aa screaming blue murder, and she thought that some man wis attacking them. Ina fell ontae the ground, amid the excitement, and she cut her heid, but whin as she deeked up, she saw this white spectre hovering ower the huts whar the lassies were biding. She screamed as weel!

Aifter the cairry-on she wis interrogated by some of the officers as tae whit she had witnessed; she telt her story, and it wis corroborated by the ither lassies. The next day, she awoke with her bed shaking violently, and the lassies' hut wis sae bad that they were aa shifted tae anither hut and that een wis knocked down!

The army wis a great experience tae her and broadened her horizons. She wanted tae gang tae India, but she niver got there.

Aifter the war, it wis back tae fish-work. Ina still had tae work tae help her mither with aa these little eens, cos Lizzie now had anither twa little lads, and Ina wis the main source of income; the cratur worked day and night tae help her mither. There wis very little pleasure for her; and her romances werenae aa that great, cos she wis a strong-willed person.

But then a sweeping romance came intae her life. She met Alberto. He wis a Spanish Gypsy fella, and a wonderful fiddler. He could mak his violin play sic sweet melodies that ye could listen for hours tae it.

Ina wis a beauty. At the age of twenty-seven, she wis tall, her skin and teeth were perfect, and her hair wis three-quarters lang doon her back and a coppery-tinged brunette. Perhaps, if she wisnae a Traveller, she could have been a model or a film star nae bother; it wis jist that she never got a real chance.

She met Alberto whin he wis playing een night in the Castlegate, and his big dark een stole awa her heart. But she wisnae stupid, she had a keen sense of morals. Noo her problem wis her faither, cos he wis a fechting man, and ony laddie who came tae the hoose, he wid start a fecht with him.

For some reason, he taen a liking tae Alberto and his music. The music must have calmed his angry soul: Alberto could play his Spanish music, but he could also play the finest of Scottish airs, he wis indeed a very gifted player.

The pair courted for a few years, but Ina couldnae get hitched, cos her mither aye reminded her of her commitments tae the faimily. Ina had tae wait until she wis thirty years old before she could get mairried.

Aboot a year later, she had fraternal twins, and still she had tae gang and work every day in the fishhooses tae get some money, cos the U.A.B. widnae give her nor Alberto ony coppers tae help them. Alberto couldnae get a real job, he had only the lowdy frae the playing roon the pubs in Aiberdeen; and so, eence again, Ina had tae fecht tae survive. At the same time she still slipped her mither cash for tae help her brithers and sisters.   Ina had mony big operations, and in nae time she wid get better and back again tae work.

Alberto wisnae a coarse fella, but he did swallow a great amount of peeve. It wis cos he aye played intae the pubs for money, whar the scaldie men aa bought him drinks. He wis able tae turn his hands tae ither employments, but it wis the music that he loved deen best; with his music he could feel right hame again intae Spain and he had sic a way of playing that he could give ye shivers up and doon your spine.

Ina adored Alberto, but there were times whin she wis sick at the sight of him; often she wid pack her bags and tak the bairnies awa and bide with her old mither and faither. It wid maybe last for a few days but, sooner or later, she wid gang back hame; Alberto wid be as good as gold for a whilie, but then gang back tae the heavy drinking.

Ina could aye mak room in her hoose for freens. Mony folks used tae come tae see her and bide for the weekend, and Ina alwyes managed tae feed them; she widnae tak a penny frae anybody, for that wisnae the way of the Travellers. They believed in *"Share aa and share smaa"*.

There came an awfy bad time in her life whin she taen very ill; she had developed fifteen cists in her breasts. She wis afraid tae gang tae the doctor with it, cos she thought she had the Big C. It sae happened at that difficult time, whin she wis working hard in the fish-hooses, that Alberto taen a very bad speil of drinking. Ina wis driven mad with anxiety: she couldnae tell anybody aboot her plight and also, she wis left tae look aifter a faimily of four, whose mither had died suddenly. Things couldnae have been mair difficult for Ina... Apart frae suffering frae these very painful cists inside her breasts, she wis almost intae dire poverty. She had tae work part-time in the fish and then come hame tae tend, feed and see tae aa these ither bairnies. She dinnae get a penny neither frae the Parish, nor the bairnies' faither; she had this faimily for six months. Nobody kent aboot her very hard times financially. The rent for her hoose wis back five months, but by some luck of fate the Toon never sent her a letter. Usually, the Toon never let ye aff langer than twa months back-rent, but here wis Ina back five.

Then she couldnae work cos of the pain underneath her arms, and she had tae bide at hame. The faither of these bairns wis getting aa the Faimily Allowance and money for keeping them, yet peer Ina didnae get a wing nor a roost. Being in sic dire straits, she gaed eventually tae the Parish office and telt them aboot her predicament. As she had niver been there before, the folk at the Parish were amazed at how she had coped with aa of these bairns, as weel as her ain twa, and they were gang tae give her an allowance for keeping them, and the bairnies' faither wis tae get the faimily Allowance taen awa frae him, cos he hadn't contributed anything tae the upkeep of them. But, rather than see Ina get the money for keeping them, he taen the bairns and pit them aa intae a home; it wis a very selfish action and Ina wis sad tae see the children gang intae a home, but it wis for the best – Ina wis far too nae weel tae be scuttered aboot looking aifter anither person's faimily.

Alberto got her tae the doctor and she wis immediately taen intae the hospital for an operation tae get aa the cists cut oot. Luckily enough, none of them were malignant, and as soon as she wis better she had tae start work again in the fish-hooses.

She wis nae sooner back tae work whin she had a great row with a big rough old wifie, who got a name for being a scrapper. Ina had words with her ower the length of time she taen tae mak three cups of tea, (this culloch had taen twa hours tae dae this). Her name wis Big Liza and she used tae bully the ither women in the place and thought she could dae the same with Ina. She wis very wrong.

Ina had shooted oot some words tae her, and this big culloch taen a scalding pail of water, flung it ower Ina and then stuck the pail on top of her head. Ina wis burned ower the hands and neck...it could have killed her. The big manishee wis making hersel a big shot in front of aa the folks in the fish-hoose, but she got a shock: a mad *morloch molly* taen ower Ina, who charged right at Big Liza, and with een hard punch landed right intae the jaw, she knocked her clean oot for the count. Big Liza could dae naething. She wis a bully, and she couldnae fecht back. Ina wis now sparring like a bantam cock and aa of her army skills came back instantly. There wisnae a woman, (or a man for that matter), that she wid not spar up to. Even though she had a good nature normally – she could fecht like big guns.

The boss came running oot tae give Big Liza smelling salts, but Ina roared tae him:

"Stick the smelling salts up her airse, cos she's jist a big useless dattach!"

A kindly woman frae anither table gave Ina some dry clothes tae pit on cos she wis soaking, and some powder tae pit ower the scald wounds. The boss gave aa of the staff the sack, telling them that if they wanted they could come back in the morning.

The others aa wint back the next morning, but Ina niver wint back crawling tae nae boss – she wis very independant... it dinnae tak her many minutes tae get anither job, cos she wis a smashing filleter.

The Traveller bit in her soul had made her start tae gather aa kinds of things and she decided tae open a stall in the Castlegate Mairket.

She wid gang tae aa the sales and she wid buy lots of things tae sell. She wis weel-liked by aa the folks and traders there. The Castlegate Mairket wis only on for Fridays, sae Ina worked part-time during the rest of the week sae that she could dae her work in the mairket then. She loved meeting interesting folks; and many used tae ask her if she wis a gypsy and could read fortunes. Although she aye kent the wye tae dae this, she never wid dae it. She aye replied,

"I suppose if I needed the price of mi supper, I could dae it."

And she never pursued the matter ony further.

Things were noo gang nae too bad for her, and even Alberto had stopped drinking, cos the doctor telt him he had tae, he had a dicky ticker.

Then a heavy ladder fell ontae Ina's heid! It nearly killed her and shattered aa the nerves in her neck, and she suffered frae violent headaches. There wis a wee, oot-of-court settlement, and eence again Ina wis fechting tae survive mair operations. She believed in the auld curse that an evil culloch eence pit upon the faimily:

"For every step that ye tak forward, ye will tak three back."

Ina wis determined tae beat the curse, and her wild spirit defied everything. She had a strong faith in God and aye prayed every night and day; there wis never a soul turned awa frae her door, and she wis never greedy with a copper. Whin her mither died she paid for aa thing, cos her brithers and sisters relied a lot on her; it wis hersel and a younger brither who arranged everything; and it wis the same whin her faither died. She and her brither again deen aa the arrangements, and she footed the bill. There wis some money left with her folks, but it dinnae really cover ony of the funeral expenses; some of the ithers, who had never done a hand's turn, were looking for a share in the cash. They widnae believe it that Ina wis completely oot of pocket – yet none of them pit intae their ain pockets tae help with anything.

Noo maitter whit crisis arose, it wis alwyes Ina who wid tak the lead and many a time she bailed them aa oot of trouble. Sometimes the ithers were like the ten lepers, who got healed by the Lord, only een wid come back and thank her. The woman wisnae deeking for thanks – only respect frae some of the younger eens of the faimily.

Een day, Ina wis telt frae the doctor that she had tae get a major operation, and she wis pit intae the hospital. The operation wis aa wrong and a week later she had a mair dangerous een. She wis a survivor... she stuck in against aa of the odds, and it taen aboot a year tae get ower it. Jist when she thought she wis recovering, her stomach aa burst open. Tae maist folk this wid have been the finishing works, but nae with Ina. This time a massive operation wis tae be performed by a great skilled surgeon, the chances of survival were less than fifty-fifty; it wis Hobson's Choice. The surgeon wid cut her open for a last time, cos eence done, she could niver be opened up again. Her belly wis a mass of wounds and scars frae ower twenty operations. This yin wis gang tae be the touch-and-go. She wis afraid, but she kent that she had tae have it.

Whin she wint intae the hospital, the surgeon telt her that there wis naething inside tae work with and she wid have tae get a plastic mesh pit intae her stomach, tae hold in aa of her guts frae falling oot. Hoo she survived, naebody kent. The operation itsel had only been done eence afore, and tae mak maitters worse, they discoverd a massive hiatas hernia that wid also have tae be fixed. Ina wis weel intae her sixties and these twa major operations were tae be performed on her. The hernia cut doon her chances of survival.

During the operation, Ina had a great dream:

Underneath the anaesthetic, she dreamt that she wis walking alang a lonely road and that she cam tae a village. Aa the people in this village were wanting tae batter her – they set aboot her – they were hitting her and she could feel the pain of aa the hits. Then a great amount of men came oot and they aa challenged her oot tae fecht. Een of the big mannies said tae her:

"We will gie ye a chance: if ye can get twa men tae fecht for ye, then we will let ye aff."

Ina ran alang the road and she came tae her faither. She knew that he wis dead, but he said tae her:

"I'll fecht for ye."

And then she saw her Uncle Bobby and he wis still alive, and he said that he wid fecht for her. The twa big men wint intae this toon, and they started tae fecht like Trojans for her. Her faither shoots:

"Awa hame, lassie, cos we can beat the jeer oot of this lot!"

Ina ran awa oot of the toon, and the next she knew wis that aa the doctors and nurses were attending tae her... and she wis on the critical list for weeks.

Eence again, aifter a lang struggle, Ina survived. There wis jist something inside that gave her an inner strength tae overcome. The road tae recovery wis hard, but she deen it; she wis an inspiration tae everybody. In nae time, she started deen wee jobs roon the hoose, and the doctors telt her tae tak it easy; they were aa very surprised at her strength of will and stamina.

But the days were cauld days for her, for her savings were gang awa like the living wind and she couldnae work at fish-hooses ony mair; she really didnae have the strength tae gang tae the Castlegate. Her mind wis keen and alert and she didnae want tae be lazy; Alberto deen an excellent job looking aifter her, but finances were getting bad. She widnae apply for social securities, or extra helps or anything like that. There wis a plan gang through her head. She minded upon her ain words,
  "If I needed the price of mi supper..."
  That wis it! She wis gang tae turn her hand tae fortune-telling.
  Weel, Ina started tae tak in ladies only, she began tae get a good reputation and the word of mooth wint roon like wild-fire. Whin some of her ain neighbours saw her getting a copper they reported her tae the Tax office, but tae their disappointment Ina had already reported tae them. She knew who had reported her, but they niver got the satisfaction of getting her intae trouble. Ina deen very weel; she niver liked deen the fortunes.
  At Easter, and during Christmas weeks, she stopped, tae not break Holy days, and she didnae dae it on Sundays; aa she needed wis a few wifies a week tae keep things ticking over.

Aa through her life, Ina wis a woman tae be admired and she fought against the odds every day of her life.

As a woman now in her twilight years, she is still very much tae be admired. She started telling stories and now she even goes tae folk festivals tae enjoy the story-telling events. She tells the auld tales in the auld-fashioned wye and she is good at it. Perhaps her best stories are the eens frae her ain life; her adventures as a Traveller-girl, in the army, fish-hoose tales, hospital adventures, stall-holder and clairvoyant... Yes, Ina is a woman who led a very different, interesting life... an ordinary woman with extraordinary life."

I wis fair enthralled with that story, and wid ye believe it? By the time the story ended aa the kilns were handed up. As fast as we hid pit them ontae the standards the lassies hid sent them up tae the laddies wha were hanging the kilns. The filleters were also finished and cleaning up the fish-hoose, while the ither young laddie hid pit oot aa the gut barrels, emptied the drains and covered them ower wi offal. The time wis only ten minutes tae ten. Anither killer of a day wis deen!

Chapter 7

PAY DAY

Friday at last – it's the only day ye get paid! Nae fish tae start wi – wid ye believe that? A fine feeling wint through mi body cos I wis packered wi the day before. Decky came in shouting "Barry cove! There's nae muckle fish intae the mairket the day!"

So we planned whar we wid gang oot the   night cos we hid were overtime tae get as weel. Tae tell ye the truth, I liked gan tae the pictures and there wis a rare jungle picture I hid missed whin it first came tae the toon, but it came back again tae the Queen's. The gaffer made us tak ben aa the tinters tae scrape and the smokie sticks tae clean. Aabody seemed tae be intae a guid teen, and the tone noo wis quiet as aabody sort of telt bits and pieces and a fine quiet feeling prevailed ower the fish-hoose.

Fat Batty wis romanticising aboot her adventures whin she wis sae slim and bonnie, and there wis a smirk frae the laddies whin she telt us that eence, when she wis but a slip of a thing, she couldnae sleep at night. So Batty decided that she wid hae a walk doon the Promenade. It wis a bonnie night and as she wis walking she met an awfie handsome sodjer wha immediately fell in love wi her. He said that he wid desert the army for her and gie his life for her on the battlefield – if only she wid gie him a kiss. Whit a lot o rot! She wis supposed tae say tae him that she couldnae gie him a kiss, even though he wis sae handsome, cos her heart belanged tae anither, (again it wis Johnnie Jenkins) when Decky says,

"And did ye gie him onything, Batty?"

She turned aroon snooty and said "I'm a decent girl. I knitted him a pair of socks." Decky kinked intae laughter.

Muggie said, "Stanley, tell us a beautiful love-story."
"A love story? I dinnae really tell love stories as such, but I will tell ye an unusual story aboot love, but completely different from whit ye usually hear....

CHARLOTTE

"Big drops of sweat oozed oot of her hands as she walked doon the lang lobby of the auld keir. The hoose wis very auld and the shan stoor of rotten damp wood lingered everywhere. There wisnae a light intae the lobby, cos the hoose wis aa gas and there wisnae a mantle tae light. Charlotte's heart beat faster and faster, and fear wis gripping her soul. At her side wis auld Annie.

"There's naething tae be feart of," says Annie, and she taen hold of een of Charlotte's hands tae try and support her.

They came nearer the door of the room and Charlotte could see the strange light jist underneath the jigger. She wis maist trash and frightened gang intae the room. Annie opened the door and the shan savour of the room hit her fair intae the moy; the smell wis cutting her breath, it wis the savour of the flooers of the wreaths, mingled alang with the stench of death. The gas mantles that were burning caused a pale green glow ower aathing and besides that, aa the candles burning were making Charlotte's heart sick. It wis very scunnering. Annie kept her airms aroon Charlotte, and led her ower tae the kist whar he wis laid; it wis a black coffin, and seemed tae be awfy big. Charlotte put her twa hands upon her beating heart, and she thought it wis gang tae burst with aa the emotions that were raging through her. She felt very faint, as if she wis gang tae pass out, yet she came right ower tae the top of the coffin.

There wis a bonnie silk cloot ower the face of the corpse which wis decorated with wee blue flooers. These wee blue flooeries taen awa the grimness of the scene, but as Annie lifted up the cloot and re-vealed the face of handsome Donnie, Charlotte gasped. He looked sae healthy intae his kist that she could hardly believe that he wis deid. Whit a handsome man he wis. His een were slightly open, exactly the wye he used tae kind of close them at times whin he laughed or smiled. His skin wis as dark and swarthy intae death as it wis intae life, and his big chin-dimple wis in full hollow. Whit a really handsome mannie; he wis barely forty. They had put a new pin-striped suit ontae him sae that he would look as if he wis gang awa tae a wedding.

As Charlotte deeked doon upon the remains of handsome Donnie a saat tear fell frae her ain blue een, and landed upon the cloot that now lay beside his head. The tear splattered and made cadences and snowflake designs upon the cloth, and as she deeked at the bonnie patterns, they made her mind go back tae only seven years ago whin she first met Donnie....

Charlotte wis only in her fifteenth year whin her mother Elvira taen awfy ill with a smitten disease. Folks said it wis consumption and others said that it wis cancer, but whitever it wis, Elvira coughed and hirpled the whole day lang. Charlotte did aathing possible tae help her nesmore but she wis no more than a bairn hersel. Donnie wis her mither's live-in lover and had been that for aboot five years. The lassie jist deeked upon Donnie as an uncle, he wis pleasant tae her and never really minded upon onything that she did, and only her mither taen interference with her. Charlotte wis a true child of nature, for ye see her mither wis a gypsy fortune-teller, who bade intae a braw, fancy vardo and she had a fine wye of daeing. Her gadgie had died aboot sax years afore, and later, whin Donnie came along, she jist bade in with him.

The trades of the skill were passed ontae Charlotte, who also wis very gifted, but she wis really mair interested intae the things of nature; she wis in her mint whin she wis amangst the trees and animals of the wood; she kent the secrets of the forest and how tae use the herbs and fungi that grew there. Often, she woold be heard chanting intae the wood, she had sic a bonnie voice and kent mony auld songs, and she could tell a braw story as weel. Maist of aa, she liked solitude, she liked tae be at een with nature.

Her mainners were very guid and she wis never outspoken or impudent, for this wis the wye of the gypsies: they lived a law of their ain, and Charlotte wis brought up with aa the customs and traditions of her hantel. She kent their language and wyes, and obedience wis een law she aye kept, and would never gang against her mither's wishes. Her lang hair and pale blue een gave Charlotte a kind of sophistication, that she deeked mair like a lady than a gypsy; somehow she aye seemed tae blend with the trees of the forests for she wis very sylphan and delicate, like the gossamer of a spider's web, (yet she wis comparitively strang with dillies of her ain age). Her mither never really spoiled her, sae the lassie wis able tae dae many things and wis a help tae her.

When Elvira started tae become really nae weel, Donnie seemed tae be tower of strength tae the lassie. At the actual death of Elvira, everybody roon aboot remarked upon how Donnie wis sae calm and how he taen charge of everything pertaining tae the funeral rites.

The bonnie decorated vardo wis burned as custom demanded, and Donnie got anither peer-deeking living-waggon. He telt aa the gypsy folks that he would look aifter Charlotte as his very ain, and they were aa pleased that he wis gang tae dae this. Charlotte, deep in mourning, felt kind of comforted with this thought, cos she trusted Donnie, and she wis at a very tender and impressionable age. The only close relatives Charlotte had wis a family of third cousins, and aa of them laddies, except for een lassie who wis called Big Lizzie.

Big Lizzie wis brought up rough and tough with aa of her brithers. Every een of them wis like an oak, they were aa ower six feet and could fight like big guns. Lizzie, who had been roughed a lot with them, could fecht like a mannie: on occasions she could be tender and show a manishee's heart; but whin provoked – she wis a tigress! Her brithers were aa very guid -natured, and very seldom started rows or fechting with onybody, but if they did so, then ye could be sure as death they would finish it aff!

These were Charlotte's only close relatives, and apart frae them she really had nae friends tae gang to. Noo, Donnie wis gang tae be mair like a faither tae her, even though he wis only a young man himsel.

Nobody kent very much aboot handsome Donnie, except that he wis a Traveller man and that he wis very guid-looking; the manishees flocked roon him like moths tae a light, but whin he wis with Elvira he kept himsel tae himsel.

He had loved Elvira very much, and wis genuinely bereaved at her passing away. sae now he had taken on a new responsibility, yet he could fairly make his living for he knew the wye tae hawk the hooses. His worst fault wis that he sometimes taen a drink, and would get stone-horn-mad with the peeve. He wis a very strang fella, perhaps he wis slim put-up, but he didnae have een piece of fat ontae his body and wis aa muscles. Some folks admired him, and others were nae very sure of him, but he seemed tae get on with everybody. Donnie could charm the birds aff the trees and could win the older people with his great adventure stories.

Charlotte felt safe and secure gang with Donnie, cos being sic an innocent bairn, she never thought ill of onybody and wis completely naive tae the wyes of the world and tae men. Peer lassie, she wis tae get an eye-opener very soon.

Aifter burning doon the vardo living-waggon and the celebration of the deid, the gypsy-folk wint ower tae Charlotte with small gifts and things for her new vardo and they aa wished her luck and success for the future. She kissed aa of her cousins and she bade them farewell; Big Lizzie cuddled her, wished her aa the best, and she gave tae her a bonnie silver bangle with a dose of lucky charms on it as a keepsake. The folk aa departed ontae their ain ways, and Donnie yoked his horse up ontae the vardo and aff they wint tae start afresh. The lassie felt very lonely and sad within, but for the sake of Donnie, she tried tae keep a cheerful face. Here she wis, gang awa with a strange fella who wis like a dad or an uncle – yet hoo wis she gang tae adjust tae her life noo? Her mind wint ontae gang tae interesting new places with Donnie and making new friends; and a calmness began tae settle and she felt a sense of direction taking place within her.

On that first evening Donnie stopped his horse and vardo at a clearing beside a stream. Charlotte cooked some habin for him and she scuttered aboot cleaning dishes and wishing some claes, then she prepared tae make her bed. The vardo had three sliding dours that made three sleeping places, and Donnie taen the part near the front and Charlotte taen the other end at the bottom of the vardo. Her mind wis very much upon her mither Elvira, and hoo mony happy times they had shared taegither. It wis a very hot summer evening and the lassie felt very clammy, she struggled with her thoughts until finally sleep came upon her.

It wis a heavy slumber... but she awoke startled.

A creeping noise wis intae her pairt of the vardo and she wis afraid. Then through the summer shadows on her wall, she could make out the outline of a man within her room. It wis Donnie. He came up tae her bed and lay doun beside her. She wis scared tae say anything... he came right up tae her.

Charlotte asked: "Whit dae ye want?"

He jist sneered and grinned at her. Through the peeps of the light she could see him leering at her.

"Ye ken whit I want, ye little midden!" he snorted.

Charlotte struggled, she thought that he might be drunk cos he aye kept a bottle intae the vardo, and she pushed him awa frae her; but he came on mair strang. The lassie didnae have the strength tae fecht aff a big fella like Donnie. He put his fingers upon her wee tender breasts and fondled her, and she wis noo very frightened. Here wis the man that wis gang tae protect her frae the ills of life, noo taking advantage of a delicate situation. Withoot ony mercy, he raped the lassie violently. She didnae know whit wis happening tae her, for the sensations were far too painful and frightening and she wis terrified oot of her young mind... aifter he finished whit he had started sae terribly, he wint ben tae his ain room and left Charlotte alone with hersel. Whit a dreadful shame had happened tae the young lassie; she cried and munted aa of the night.

In the morning whin she arose, she felt imprisoned, and Donnie, instead of being a guid uncle noo became her jailer. She felt unclean, as if some terrible disease had ripped through her body, yet whit could she dae? She wis completely alane tae the mercy of this young randy gadgie, and aifter all, she wis only jist gan fifteen and he wis a powerful man – it wis a trap she wis in. Charlotte felt like a rabbit intae a snare: whar could she run to? She didnae ken whar Big Lizzie had gane.

No, there wis naething for her tae dae except be a slave tae this mannie, though noo she could see him intae his true colours and he wis nae mair than a monster.

Aye, a new life had begun for her, but it wis a life of complete misery and deprivation; he treated his juckals better than he treated her. She wis humiliated by him aa the time, he miscawed her tae aabody that he met, and telt folks that she wis a bammie lassie that he wis looking after. Her clothes became very ragged and lourichy and she never seemed tae get onything frae him but dog's abuse. Donnie taen aa money she made oot of telling people's fortunes and he kept her working nearly aa the time. Even whin she wis big with expecting her first child tae him, he would give her a battering – and this wisnae the first time that he gave her laldy for naething.

Ontae the day that her wee laddie, Hughie, wis born, she wis taking bad pains. Noo she wis still only a bairn of fifteen hersel, and she didnae ken whit wis really gang on inside of her, for he never let her mix with folks. They had their vardo ontae the road, and they were making their wye tae a large camping ground near Lumphanan, whin een of the wheels of the vardo started tae gang wrong. Donnie loosed the sheltie frae the vardo and tried tae fix the wheel ontae the shaft, but he couldn't seem tae get it deen properly. He shouted ower tae Charlotte tae give him a hand. The lassie wis noo intae labour and she wis doubled up with pain, she telt him she wis nearly better but she wisnae able tae give him a hand yet. Well, he taen aff his leather thong and it had a big brass buckle upon it, and he leathered her black and blue until the quinie nearly fainted. Whit a mess she wis intae...

Donnie walked awa with the sheltie, and he left peer Charlotte on her leaf alane intae the lonely road. The young lassie wis greeting and crying with pain and she had naebody there tae come tae her assistance. She lay there for aboot twenty minutes, whin the rain started tae come doon intae smoothericks and she thought that she wis dying.

By a guid stroke of luck, who should chance tae come by but her ain freen Big Lizzie, she had bing avree tae the shop for some messages whin she heard this moaning near the roadside. Whin she deeked doon and seen peer wee Charlotte lying there like a drooched loochie, Big Lizzie fair wint spare! She cursed and she sallached and she screamed holy blue murder! It wis far too late tae gang for help noo, cos the bairn mair nor less wis born... so Big Lizzie, who had her basket with her, and aye kept shairp scissors intae it for many purposes, and sae this time the scissors cut the cord for wee Hughie tae be born.

Charlotte wis fair packered in. Big Lizzie wished the bairnie with water frae a nearby burn and she cleaned up Charlotte as well. Then she taen aff her jacket, and made a kind of wee beddie for her tae lie doon on, and wint back for some of her ain folks tae get Charlotte and her wee wain back tae the camping groond. The folks did this, and they put the lassie intae a warm caravan that had a rover of a fire on, and they fed and tended tae her.

Big Lizzie queried Charlotte, why wis she intae sic a dreadful state, and who wis the bairnie's father? Naebody suspected that handsome Donnie wis a beast in disguise, for aabody thought Charlotte wis silly and that she must hae had a bairnie tae some country chiel. Charlotte confided tae Big Lizzie that it wis Donnie who wis the faither of her wain.

Big Lizzie vowed vengeance.

Late on that night, aa of the gypsy and Traveller people were chatting and manging taegither and speaking aboot the lassie and the bairn.

Then, wha should come by, blue-bleezing drunk, but Donnie. Big Lizzie's feathers were ruffled and she wis fizzing for a real barney: whin Lizzie got mad then the hordes of hell were let loose. She picked up a heavy jockey-stick and marched ower tae handsome Donnie and murderous sparks were faaing oot of her een.

"Well, skeeliper," she cries loudly, "ye that can fecht pregnant bairnies, see if ye can dae onything tae me!"

Donnie deeked surprised and he impudently replied,

"Fosie blurt, gang awa an no bother me!"

Weel, Big Lizzie taen a grab of him and sae he wint tae come a swipe aff of her, but it wis in vain. Big Lizzie kicked him right atween the legs and she lifted him clean aff intae the air, and nearly ruptured him. He squealed with pain and then she came tattiecomeasoorik aff him with the iron jockey stick; she laid intae him that hard that he begged her for mercy.

" I'll gie ye nae mercy if ever ye beat yer wife again like that, then I and my brithers will kill ye stone deid. And dinnae think that we cannae, cos if I can leather yer scabby face, then fit wid my brithers dae tae ye, they wid croak ye aathaegither! Dinnae ever hurt ony of my kin ever again, or yer days upon the face of the earth will be numbered and that I swear, belows mi grannie!"

Weel, Charlotte wis jist a young quinie and she healed within a twa or three weeks. Donnie's face wis bonnie and sore for a lang time and he kent nae tae incur the wrath of big Lizzie, though it didnae really make an awfy muckle difference tae him; a few weeks later he wis as cruel as ever tae Charlotte. He never beat her the same, jist intae case of her ain folk gang for him, but he still humiliated the lassie; he didnae recognize wee Hughie as being his ain, and referred tae him as *the pidgin-faced geet*.

Een of his worst faults wis that he wis a real whoremaister, and whin he got the chance tae gobble a manishee, then he aye taen it. Many's the night he would take loodneys hame for a een-night stand, and peer Charlotte aye had tae gang and bide oot of his sight, or lie underneath the waggon. Right enough, he could get the dillies, for tae deek at him ye widnae think that butter wid melt intae his mooth, and he could be gallant and very charming. His deeks could give him a vibrant personality, making him something tae see; his dark flashing een could catch the heart of ony lassie. But he didnae care for them too lang, he had dozens of women flocking aroon him and once he got whit he wanted, then he gave them the big elbow. Charlotte had tae grin and bear it, for she had nae wye tae gang; she could suffer the ither manishees cos she knew that they aye got the kick frae him in twa or three days.

That wis usually whit happened – except for whin a real stroppy tart came home with him een night.

Her name wis Gina. Whit a brazen-faced ugly hizzie she wis, and had a mouth as foul as a proverbial sodjer. Peer wee Charlotte wis treated like dirt. This clatty Gina, who wis a scaldie girl and nae a Traveller, met Donnie intae a pub ootside of Aiberdeen and he taen a shine tae her, and she nearly swallowed him up! Never had she seen sic a fine-looking man and every time he winked or moved his een she nearly fell awa. Weel, she wis there three months.

Then, as scaldies go, she got tired biding intae the vardo with Donnie and she didnae like Charlotte and wee Hughie and, onywye, I suppose she yearned tae get back tae Aberdeen and hae a guid time with the lads intae the pubs.

Donnie wis noo fed up of her too, and gave her a hard kick on the buttocks and wis aboot tae give her a laying-on as weel, whin, being a scaldie, she threatened him with the police and said that she wid report him for having sex with a lassie of fifteen. She kent that Charlotte had bin with Donnie whin she wis nae mair than a bairn, and that the law widnae take a kindly view of that offence, so her threatenings saved her frae a bashing but she got a bonnie sair kick on the hips aa the same. She felt it and she kent that Donnie wis a coarse guffie.

He said tae her:

" Loodney, ye better be awa afore I come back, or I'll cut yer throat!"

Gina got the message. As she wis packing her few belangings she spoke tae Charlotte:

"Why dae ye bide with a man like that? He's nae guid tae onybody."

"Ye are lucky," replied Charlotte, "cos ye hae somewhere tae gang, but I dinnae."

"He's red ripe rotten tae the core," says Gina, "ony wye he's nae as guid in bed as he's made oot tae be. He might be a guid deeker but I've haed far better gadgies than him. I'm gang back tae Aberdeen tae enjoy masel eence mair – and guid riddance tae him."

Gina takes her belangings and makes her wye tae the nearest village tae get a hurly back tae the toon.

Charlotte wis sae glad tae see the back of her.

Then Donnie started a real heavy drinking binge, and it lasted for weeks. He had found a new peeving-pal cawed Swankie; he wis a real head-banger, and there wis plenty of booze money tae drink with, cos Swankie wis left a guid inheritance frae his faither who had worked hard, but Swankie wis spending the cash like naething on earth. Donnie wisnae worrying, cos it wisnae his money that they were drinking, and the twa fellas wint awa tae Edinburgh for a braw time tae themsels.

Charlotte wis fair glad, cos it meant she wid get peace tae dae whit she wanted, and with him oot of her hair for a wee while, she could try tae find her ain confidence once mair, she had bin sae subdued for sic a lang time. She had many talents that had been stinted, and noo she could sing a ballad tae her wee Hughie, and jist feel a sense of freedom. Better for her if he didnae come back tae her, but rather that he bade intae Edinburgh with Swankie, living a guid auld life tae themsels.

The lassie had the vardo aa tae hersel and she fixed it up real nice. She read fortunes and she wis making a fine life for hersel; it wis fair heaven with-oot him being there tae degrade and humiliate her. Somehow, she wis afraid of him and she wis sae young he domineered her. If only she could take the vardo awa somewhere, but the authorities jist might take awa her bairn if she wis found oot tae be living by hersel. sae she couldnae really dae much tae help hersel.

Aboot sax weeks had passed whin Donnie came back again. Charlotte hated him returning. He started tae accuse her of taking up with ither gadgies during his absence, and still cawed their wee laddie, *the pidjin-faced geet*. The lassie wis almost at breaking point; she wis either gang tae split him open with a poker, as she couldnae tak ony mair – or she wis on the verge of suicide. He wis making life a hell on earth for Charlotte. Frae a young lassie she seemed tae grow intae a woman ower night.

Her belly wis roaring-fu again and her time is near at hand. She deeked very trachelled, and noo at sixteen and a half years, she wis gang tae hae the responsibility of being a mither again and nae support frae the faither. This time she wint tae the hospital intae Aiberdeen tae hae the bairnie, and she pit wee Hughie ower tae Big Lizzie tae watch, for she couldnae trust Donnie with her bairn. It wis another wee laddie, and she cawed him Donald aifter his Da.

Somehow, Donnie deeked mair kindly upon this kenchin than he did on the ither one.

For a wee while he seemed tae mellow, there were actual times whin he spake kindly tae Charlotte. Wis he changing a new leaf, she wondered, cos definitely the second bairnie had made some kind of impression upon him.

The next year she had a wee quinie; this bairn wis a wee picture, but she seemed tae be a thorn intae Donnie's side and he disliked her, and accused Charlotte of having this lassie past him. Eence again, her life wis that of terror. He treated her like dirt, and wis drinking heavily again, and aa the lassie's money wis spent on drink. She wis beginning tae deek haggard and folks thought she wis much aulder than her age. Yet she wis still a teenager, but life seemed tae be withoot purpose for her, and she wid hae done awa with hersel, except she aye thought upon her wee children... She wid show them love.

Donnie wis as handsome as ever, and he could still pull in the manishees; even Charlotte had tae agree tae hersel that he wis devilishly handsome. If only he wid change; she could forgive him then for the past, if he wid accept her and her three bairns. But he didnae change.

Aye time, he came hame that bleezing drunk that he fell intae a stupor intae the vardo, and she deeked at him with sic awfy contempt. The poker wis lying at hand, and her mind snapped. She lifted it, and battered intae him with sic force that he couldnae move for a week. He didnae ken whit wye he had sae many bruises, she telt him that he feel ower the vardo steps and bruised aa of his body; though if he had known it wis her who did it, she wid hae been murdered!

Then anither wee laddie came alang and she cawed him Charlie. Four bairns and still she wisnae twenty. For another couple of years she had tae put up with him, but naething wis ony guid tae him, and Charlotte deeked mair and mair bedraggled. The claes that she wore were shoddy, and her children were ratty-deeking, (except for wee Donnie, cos his faither aye bought him new tuggery).

But een late simmer-time, the final straw came. For a few weeks Donnie had turned very quiet and stopped boozing. He wint oot nearly every night, but never came hame drunk and he aye dressed up tae the naggins. Weel, if he deeked guid afore, he deeked ten times mair handsome noo: the simmer sun had darkened his skin sae broon, and his teeth were sparkling white and he smiled with a sadistic kind of wye – ye wid think that he wis working oot a plan tae dae somebody a deprivation.

Charlotte could sense something in the air, but couldnae quite pit her finger ontae it, but felt as if she wis gang tae get an awfy battering. There wis a strange atmosphere frae Donnie, yet he wis being very polite: surely something wis far wrang with him or maybe he wis at last turning his new leaf. The days he stayed in, he wis as guid as gold; een day he even gathered Charlotte a bunch of flooers – whit wis happening tae him? Wis she gang tae snuff it or something... Weel, for aboot a month, life for Charlotte wis great. He bought her wee presents and cawed the bairnies by name. It wis blissful, and aabody wis sae happy.

He spoke tae her aboot gang tae make up a hoose intae Aiberdeen and that he wis buying new furniture for it. He even started tae make wee pieces of furniture and he collected things frae the country folk and wid take them intae toon. This wis wonderful – at last Donnie wis becoming a human being, and showing some kind of concern for her and the wee wains! Every night, he wid come hame and tell Charlotte aboot the hoose; he had painted it up and wall-papered the rooms, but there wis still a lot of things tae be done; and he wint awa every night and spent time and lowdy in decorating this hoose up tae the nineties. Aa of the cash that Charlotte earned aff the fortune-telling, she handed ower tae him, and she even started buying wee nick-nacks for this hoose, and wid give them tae Donnie. It wis truly the happiest time in her life, for she had grown tae love him sae dearly.

The time came whin he telt Charlotte that the great day for him had come and that on the morning he wid tak her somewye. She felt a sense of excitement like she had never felt afore, and she tried tae hold back the beatings of her heart in case she wid die of excitement.

It wis the end of the August term and a braw, late-simmer's day. They arose early and he telt her tae dress intae her bonniest frock and make hersel look respectable, and also tae dae the wee ones up tae the naggins, for he wis gang tae take them aa awa some-wye very special. Whit a rare feeling wis gan through her bosom. Whit wis this place he wis taking them? Wis it the new hoose he had recently spent aa of his time fixing up, or wis it tae meet some folks of his? She wept with joy. For something wis truly happening for the guid in her life.

The sheltie wis attached up tae an auld float and the whole rick-mi-tick of them jumped ontae it. A new adventure wis beginning for them, she thought tae hersel. It wis a beautiful day as they wint intae Aiberdeen and she felt sae proud sitting ontae the float with aa of her bairnies and her man. As they wint through the city of Aiberdeen, the tears filled her yaks with joy. Whit wis this surprise that wis in store for her?

It turned oot tae be the worst, maist degrading day of her entire life.

Donnie drove her tae the city centre and right up tae the Office of the Registrar. Charlotte's face lit up, and she looked at him with sic loving een. He wis gang tae make a decent woman of her and give the bairnies his name... She wis sae happy! Yes, she wis in love with him. She wid forgive and forget their past life, for noo he really did care for them.

They aa came aff the float and she couldnae hold back her tears, for this wis the moment of bliss intae her dull life. Tae noo love, and be loved in return.

He taen her tae the door of the Office, saying:

"I'm awa tae mak enquiries in here, sae jist wait till I come oot again. I shouldnae be very lang."

Folks were coming oot with confetti aa ower them and deeks of joy on their faces. She thought it wis her turn next...

Aboot ten minutes later, Donnie came doon the stairs of the Registrar's Office and on his arm wis a tall, guid-deeking hussy with a pretty, pale blue costume and a hat with a feather stuck on it. Charlotte turned white as a sheet. Donnie taen this woman doon tae a car that had been waiting for him. Then he came back and said tae Charlotte:

" Weel, silly cratur, I hae jist gotten hitched tae a fine manishee and she fair adores the groon that I walk upon. She his plenty of lowdy and I hae a nice hoose intae Aiberdeen, and that is whar I will be biding noo. Here's the key tae the auld vardo, ye can keep it tae yersel noo, cos I certainly winnae be coming back tae ye and yer squad of scabby brats."

His een, in a maist attractive haunting fashion, half-closed, and his evil smile gloafed and beamed like the sun in splendour. Then he walked awa tae the car that wis waiting for him. He even had the cheek tae wave tae her and the bairnies.

Charlotte stood motionless, and aa the blood seemed tae drain frae her. Some of the bairns were crying cos she stood sae lang in the one spot, and it wis aboot an hour later afore she realised whit had happened: Donnie had conned her tae give him aa the money she had made, for tae set up hoose intae Aiberdeen with a new wife.

Stunned and bewildered at the very shaming, peer Charlotte gaithered up her wee brood, and put them upon the float, and she drove the sheltie back through the city, with aa the people staring at her. Never had she hated onyone like she hated Donnie at that time, for her life wis completely shattered. At least her kenchins were worth living for; he had given her naething in aa the years except the bairns. They were the only guid things that she ever got frae him, though the beast wid hardly recognise them. He had ruined her life frae the very start, and everything aboot their relationship wis bad.

That night, whin she put the kenchins doon tae sleep, she vowed a vow that she wid never let Donnie intae her life again. If ever he came by her, or even near her, she wis gan tae split him open. Whit right had he tae mess her life up sae completely and torture her aa her days – she wis a guid lassie and deserved a lot mair than ever she got. Noo her mind wis full of revenge. The wound wid take many years tae heal, and the blight he caused upon her life wid hae tae be paid for intae full.

Weel, Donnie treated his new wife with the same wickedness and contempt. He spent aa her money, and she wis wise enough tae leave him. He drank like a fish and started tae be a pure wiste of time. He couldnae get back tae Charlotte, cos she had shifted her vardo and never let him ken whar she wis. He could starve tae death for aa that she cared noo.

Death caught up with Donnie een time whin he wis drunk, and wis knocked doon by a bus. There were hardly ony marks upon him and it wis aa ower in seconds, for he wis killed on the spot intae the toon.

His brither intae Forfar taen his body; and Donnie wid be getting buried from the brither's hoose, which wis an auld yin and it had an awfy damp smell.

Folks who knew Charlotte telt her, sae at least she could see him and gie him her last respects, for aifter all, she wis the mither of his bairnies.

Looking doon upon the corpse, mony thoughts were fleeting through Charlotte's mind... She treasured the very few happy days, and loathed him for the terrible eens of humiliation and deprivation. Yet, she had four bonnie bairns tae this man. His black hair wis shining, and it deeked as if it wis moving. In her mind she tried very hard tae forgive him. Silently, she meditated beside the coffin, and sae many mixed feelings were gang on inside her they were hurting, for even intae death he seemed tae mock and jeer her. She felt love een moment, and then repulsion at him. She still could nae deny that he wis the maist handsome man she had ever known, and if he could speak kindly tae her noo, she wid probably hae forgiven him. Noo it wis far too late for ony kind of reconciliation. Annie taen the silk cloot and covered Donnie's face again. She led Charlotte oot.

As they came oot of the room, Charlotte hesitated for a moment. Whit wis intae her thoughts at that time...? Annie asked,

"Are ye aright dearie?"

Slowly, Charlotte opened the door of the room whar the coffin wis, and she wint back ower tae it and she lifted up the silk cloot from the face of Donnie. The tears were blinnin her. Annie deeked closely, as Charlotte bent her face doon near tae the face of deid Donnie. For a moment Annie thought that she wis kissing him for the last time, for their faces were very close taegither and aifter all, they had been as man and a wife for years. It wis as if they were having a last, very close, quiet conversation taegither, but jist whin Annie thought that the kiss wis coming, Charlotte drew back her head, and she spat on his face and screamed tae him:

"Roast in hell, ye bull bitch's son – and may ye get tortured in hell like the years of torture ye gaed unto me!"

Hurriedly, Charlotte then wint oot of the room and doon the steps ootside the hoose. The air wis crisp and clear. She filled her lungs with the glorious wind and lifted her heid high.

Doon the road a wee bittie wis Angus, waiting for her. Angus wis a country laddie who she had met; he wis a slightly-made fella and wisnae that great-deeking. He wis quiet and unassuming, he didnae brag nor boast, and Charlotte had mairried him. He had taen her and her four bairns and he gave them aa his name. Charlotte kent noo whit true love wis. Aa that time she had been with Donnie, he never showed her true love, whit she thought wis sometimes love wis naething, it wis aye his vanity. Angus wis a kindly fella, and treated her with real respect. Och aye, she didnae get sic a guid-deeking gadgie as Donnie, but she got a man who wis made of the saat of the earth, and she never wanted for onything else intae her life again.

As they drove awa in Angus's car, Charlotte never deeked back behind her, for this wis love she wis truly experiencing noo, and she enjoyed every minute of it; her life had a purpose, she wis nae longer a wee lassie and treated like dirt, but a real woman who knew whit pure love wis.

Charlotte and Angus wint awa from that hoose and made a complete life for themsels. That episode of her life with Donnie wis ower, she wis gang tae resolve tae blot it oot of her life for ever – aa her prior thoughts wid gang intae the grave with Donnie."

At the end of the story all the women commented upon it. The story gaed them food for thought and their own emotions wre aroused. Some said how they widnae hae stood for handsome Donnie and ithers said that they wid hae left. Gracie says, "I thought I hid a bad brute of a husband, but that man in the story, I wid hae hung for him."

Jist whin we finished the sticks and tinters the boss and his son came intae the fish-hoose with their mairket coats on. The time wis aifter eleven.

"We didnae buy fish today cos we bought a double amount yesterday. Ye see, mi loon and me are gang awa tae London taenight, cos there is a big match at Wembley and we are gan tae it."

Whit a treat. We were getting a half-day. Decky and

me collected oor wages and fair jumped for joy as we went oot the fish-hoose. Firstly we bought new jeans and cheap shirts frae the toon wi aa oor overtime and I bought a heap of fags. We planned tae gang tae the City Bar for tae meet twa lassies we kent and then gang tae the Queen's Cinema tae see the film I hid missed earlier. Since it wis a fine day, perhaps late at night we wid gang a walk alang the river Don with the lassies. It wis a perfect ending tae sic a tortuous week in the fish-hoose.

Looking back ontae the fish trade there were many happy times and some sad times. A lot of water his bin under the brig since the days of the early fifties and an awfie lot of changes have come upon the trade. At the beginning the work wis very hard, but as the years passed by, new machinery and better methods of hygiene were enforced. For the thirty odd years I worked in the fish trade I hae nae regrets. There were a lot of fine folk I rubbed shoulders with and wha taught me many things. Maist of aa, there wis a special companionship at-ween the fish-workers that I never felt onywhere else.

Tae leave ye with a thought aboot the fish-workers. Whin the Lord walked upon the earth, He picked fish-workers tae be his chief disciples. Sae ye see there is a lot of worth in fish-workers!

Brief Glossary
Travellers cant =(c.)   Gaelic origin =(g.)   Romany =(r.)

barry	*fine (c.)*
bean rannie pottach	*fine gentleman (r./g.)*
belows mi grannie	*may I be as low as my grannie in the grave*
bung avree	*went away (c.)*
cane	*house*
clatty, clattiness	*dirty, dirtiness*
corach	*silly person (g.)*
culloch	*old woman (g.)*
dinley	*fool (c.)*
fammels	*fingers (c.)*
fleg	*fear*
gadgie	*man (c.)*
garoosk	*tribe, many*
gee their gingers	*care less*
graft	*work*
guffie	*pig*
hantel	*people (r.)*
kane	*house*
keir	*house (c.)*
kenchins	*children*
leaf alane	*alone*
loon	*lad*
loochie	*rat*
lowdy	*money (c.)*
manishee	*woman (c.)*
mang	*talk (c.)*
maun	*face*
midden	*girl*
monteclara	*water (r.)*
mooligrab	*kill, murder*
munting	*weeping*
nesmore	*mother (c.)*
peeve, peever	*drink, pub*
pottach, pottachan	*man (g.)*
prechums	*untruths, lies*
radge	*fool*
rege	*pound, (money)*
scaldies	*non-Traveller*
screeve	*write*
scunner	*feel disgust*
shan	*awful, bad (c.)*
slab	*tea*
sooms	*offal*
stoor	*smell*
sully	*silly*
trachelled	*bedraggled*
trash	*afraid (c.)*
twa wings	*two pennies (c.)*
wing nor roost	*nothing (c.)*

OTHER TITLES FROM BALNAIN BOOKS INCLUDE:

Nyakim's Windows   Stanley Robertson
illustrated by Simon Fraser   paperback £9.95
Stanley Robertson's own original stories of the Traveller people: bizarre hap-
penings, warmth and humour – with more than a hint of the supernatural!
'Magical Mysteries...formidable literary artistry'. *Hamish Henderson   The*
Scotsman

Exodus to Alford   Stanley Robertson
illustrated by Simon Fraser   paperback £7.95
Stanley Robertson's highly popular first book.
'..if (it) fails to hold your attention, a new wonder has befallen the human
race...' *Books in Scotland*

A Bit of Crack & Car Culture   Bess Ross
illustrated by Gunnie Moberg   paperback £7.95
This 'village of stories' sings with the life of a Ross-shire shore-line
community. '...undoubted talent...great gift for dialogue' *George Mackay*
Brown
'...A 'treat'...I can well understand why Bess Ross won the Neil Gunn
Award...' *Jessie Kesson*

Letters to Gypsy   George Mackay Brown
illustrated by Simon Fraser   hardback £12.95
An amusing and unusual collection of wry letters written by this cel-
ebrated Orcadian author to a Very Special Cat named GYPSY.

In Symphony Austere   Richard Frere
illustrated by Eric Ritchie   paperback £7.95
By the well-known author and man of the hills.
'If a humble walker should ever want to understand why a man climbs, then
start here...' *Country Walking*

A Celebration for Magnus   George Mackay Brown
fully illustrated   £7.95
Recreates the story following the death of the earl and saint.
'...a beautiful book, both visually and verbally...' *Alan Bold   The Scotsman*

The Loom of Light   George Mackay Brown
illustrated by Gunnie Moberg and Simon Fraser   £11.50
'...the life of Magnus is a legend that illuminates the modern world...' *Alan Bold*
The Scotsman

for a complete catalogue contact the publishers:
Balnain Books, Lochloy Road, Nairn IV12 5LF Scotland

to order direct in the U.K., enclose cover price plus 10% to cover post
and packing